C.H.BECK ■ WISSEN

in der Beck'schen Reihe

Das Nibelungenlied gehört zu den bedeutendsten und zugleich rätselhaftesten Dichtungen des Mittelalters. In seiner Einführung gibt Otfrid Ehrismann einen Überblick über die historische Basis sowie den Inhalt des Epos und zeigt anhand zentraler Themen und der wichtigsten Akteure die besondere epische Begabung, die der noch immer unbekannte Verfasser dieses Literaturdenkmals an den Tag legte. Die wechselvolle Rezeptionsgeschichte schließlich macht deutlich, dass eine Einführung in das Nibelungenlied immer auch eine Einführung in die deutsche Nationalgeschichte und ein Beitrag zur Patriotismusdebatte ist.

Otfrid Ehrismann ist Professor für deutsche Sprache und ältere deutsche Literatur an der Universität Gießen. Bei C. H. Beck liegen von ihm u. a vor: *Nibelungenlied. Epoche – Werk – Wirkung* (²2002); *Ehre und Mut, Aventiure und Minne. Höfische Wortgeschichten aus dem Mittelalter* (1995).

Otfrid Ehrismann

DAS NIBELUNGENLIED

Verlag C. H. Beck

Originalausgabe
© Verlag C.H.Beck oHG, München 2005
Gesamtherstellung: Druckerei C.H.Beck, Nördlingen
Umschlagabbildung: Nibelungenlied, Handschrift A,
Bayerische Staatsbibliothek München
Umschlagentwurf: Uwe Göbel, München
Printed in Germany
ISBN 3 406 50872 3

www.beck.de

Inhalt

Einführung

Wer im NIBELUNGENLIED liest, liest in der Geschichte der Deutschen. Es leuchtet, zusammen mit seiner Rezeptions- und Wirkungsgeschichte, in drei weite historische Räume, die germanische Vorgeschichte, die Geschichte des mittelalterlichen Römischen Reiches und die deutsche Nationalgeschichte. Um die Wende vom 12. zum 13. Jahrhundert eröffnete das Epos unter Berufung auf alte, große Erzählungen ein intensives Gedenken an die ruhmreiche und heroische Zeit der Vorfahren, für die es die Namen Nibelungen und Burgunden als Chiffre wählte – *uns ist in alten mæren wunders vil geseit* (‹alte Geschichten erzählen uns außergewöhnliche Taten›). Die einstige Wirklichkeit war zur Zeit des Autors längst zu Sage und Mythos verdichtet.

Der Dichter, der unerkannt bleiben wollte – und es bis heute geblieben ist –, griff das in Mythen und Sagen vieler Völker bewährte Thema von Ehre und Rache, Goldgier und Verrat auf. Er setzte dabei eigene aktualisierende Akzente und vernetzte es mit den feudalrechtlichen Strukturen seiner Zeit und dem von der zeitgenössischen Literatur geschürten Interesse an der Konstruktion einer kultivierten, ritterlich-höfischen Gesellschaft. Das Personal der *alten mæren*, den hohen Adel, fing er mit diesem neu geknüpften Netz ein und verpflichtete es in deren Tradition auf die Ehre, ein Ethos, das in den barbarischen Gesellschaften (SCHEIBELREITER 1999, WOLFRAM 1995) fest verwurzelt war, jedoch auch noch die ritterliche Gesellschaft seiner Zeit bewegte. Man war geradezu ehrbesessen. *In disen hôhen êren* (‹in dieser herrlichen und von der Ehre getragenen Gesellschaft›, 13,1) beginnt Kriemhilds Geschichte; mit dem Vers *diu vil michel êre was dâ gelegen tôt* (‹die große Ehre lag tot danieder›, 2378,1) klingt sie aus. Ehre ist im Mittelalter *sichtbar*, nicht nur in den großen Taten, sondern auch an der

Einkleidung der Akteure, ihrem Ambiente und ihrem rituellen Handeln. Ehre bedeutet Ruhm, auch Nachruhm.

Viele Techniken, das Epos zu verstehen und zu vermitteln, wurden bis in die Gegenwart erprobt. Ein wenig davon verhandeln wir in der Erinnerungsgeschichte, die wie der mittelhochdeutsche Text selbst die verschiedensten zeitgenössischen Interessen aufscheinen lässt. Das vorliegende Bändchen vernetzt die Texte mit der jeweiligen Zeitgeschichte. Wir lesen «historisch», was für das Nibelungenepos am ehesten dadurch gelingt, dass wir den Fokus auf die kommunikativen Gewohnheiten (*consuetudines*) seiner Zeit richten – Gewohnheiten, die ein Autor nicht mehr eigens begründen muss, weil sie in das Gesellschaftssystem seit langem eingeschliffen sind (Althoff 1990, 1997). Warum, so fragen wir, ließ der Dichter seine Prinzessin Kriemhild und seinen Prinzen Siegfried, seine Königin Brünhild, seinen König Gunther und seinen Vasallen Hagen, warum seinen Markgrafen Rüdiger, seinen Fürsten Dietrich und seinen Hunnenkönig Etzel so handeln, wie sie es tun?

Zeitgeschichte geht nicht nur über die *consuetudines*, sondern auch über aktuelle Ereignisse in die Texte ein. So erwähnt das Nibelungenlied etwa das bei den deutschen Königen noch junge Reichsamt des Küchenmeisters, das ein gewisser Rumold innehat. Der resignative Schluss des Epos ließe sich mit der weit verbreiteten Depression im Römischen Reich während der Kriege zwischen Staufern und Welfen vermitteln. Zur nibelungischen Erzähltechnik gehört die Evokation, das Hervorrufen kollektiver Erinnerung. Der Epiker öffnete Spielräume des Assoziierens, zum Beispiel als er Hagen über den jungen Siegfried berichten oder als er Rüdigers Frau in Tränen ausbrechen ließ, als sie Hagen den Schild eines verstorbenen Verwandten schenkte (s. S. 40 f.). Sollte er daher Anspielungen an die eigene Zeitgeschichte ausgeklammert haben? Sie konnte ihn zu seiner «Arbeit am Mythos» (Blumenberg 1979) inspirieren, und sein Publikum konnte sich in den *alten mæren* leichter wiederfinden. Hereinnahmen zeitgeschichtlicher Ereignisse lassen sich allerdings mit ganz wenigen Ausnahmen nur spekulativ erreichen, und es bleibt uns verborgen, wie tief das Epos wirklich in seiner Zeit verankert ist.

Wir werden einem gebildeten Dichter begegnen, der die zeitgenössische Minnetheorie ebenso kannte wie den Ritterroman. Mag auch das Mittelalter von den Gegenständen der Poetik wenig gewusst haben, so ganz wird die Erzählkultur der Antike nicht an ihm vorüber gegangen sein. Wenigstens lässt sich das NIBELUNGENLIED – ohne dass sein Autor sie gekannt haben müsste – auf der POETIK eines ARISTOTELES (384–322 v. Chr.) vielfach besser abbilden als auf modernen Erzähltheorien.

Die Textur von Liebe und Rache, gewebt in die leidvolle Geschichte der Ahnen, setzt einen Kontrapunkt. Zwar leistet auch sie identitätsstiftende Arbeit, doch sie zielt nicht wie der Ritterroman auf Nachahmung, sondern eher im Sinne der antiken Poetik auf eine Läuterung (*katharsis*) der Affekte und der Seele durch Jammer (*eleos*) und Schaudern (*phobos*), durch einfühlendes Mit-Leiden (*empatheia*), Erinnerung und Gedenken (*mnēmē, memoria*). In der zu Anfang (13,1) und Ende (2378,4) zitierten Formel von der Freude, die stets in Leid übergeht, birgt sich der «Sinn» dieses sehr eigenwilligen und hoch artistischen epischen Konstrukts – wie auch des Lebens selbst, dessen Totalität abzubilden die spezifische Aufgabe eines Epos ist. Mit Blick auf die Erzählgattung lesen wir das NIBELUNGENLIED deshalb nicht als den Entwurf einer moralisch verkommenen Gesellschaft, sondern als einen poetisch durchformulierten resignativen Entwurf irdischen Daseins, wie es ist – konstruiert als tragische Fabel (*mythos*), die «vom Glück ins Unglück umschlagen [muss], nicht wegen der Gemeinheit, sondern wegen eines großen Fehlers [...] eines Mannes» (ARISTOTELES, S. 41).

Das vorliegende Bändchen unterliegt den Bedingungen seiner Reihe und führt deshalb keinen nach vielen Seiten hin sich absichernden wissenschaftlichen Dialog wie mein Buch NIBELUNGENLIED. EPOCHE – WERK – WIRKUNG (EHRISMANN ²2002). Die Arbeit des Epikers scheint über zentrale Themen auf: die Höfe, die Reisen, die Dialoge, die Modellierung der Figuren – für NIBELUNGENLIED *A/*C auch in der brillianten Rhetorik der «ersten» Strophe. Ein Rückblick auf die eigenartige Welt des

Epos zwischen Barbarischem und Höfischem schließt die Text-
lektüre ab. Ihr folgen Ausschnitte aus der Erinnerungsgeschichte, die zeigen, dass eine Einführung in das NIBELUNGENLIED immer auch eine Einführung in die deutsche Nationalgeschichte
und ein Beitrag zur Patriotismusdebatte ist.

I. *Uns ist in alten mæren ...* –
Die «erste» Strophe

NIBELUNGENLIED-*C und NIBELUNGENLIED-*A beginnen «ihr» Epos mit einer rhetorisch brilliant eingeformten Vorschau, die sich an die kollektive Erinnerung der Zuhörerinnen und Zuhörer richtet. Der Epiker eröffnet im Gestus des Rhapsoden, des fahrenden Sängers, einen gemeinschaftsstiftenden Diskurs über die heroische Zeit der Ahnen. Zugleich legt er Stil und Gattung fest: *carmen heroicum* (‹heroisches Epos›, ‹Heldenepos›) und *genus grande* (‹erhabener Stil›); *C 1 (nach der Handschrift):

> *Uns ist in alten mæren   wunders vil geseit*
> *von heleden lobebæren,   von grozer arebeit (*A: chuonheit)*
> *von freude unt hochgeciten,   von weinen unt klagen,*
> *von kuner recken striten   muget ir nu wunder horen sagen.*

‹Alte Geschichten erzählen uns von außergewöhnlichen
   Taten:
Von ruhmreichen Helden, von großer Mühsal
   (*A: Tapferkeit),
von Freude und Festen, von Weinen und Klagen;
vom Kampf kühner Helden könnt ihr jetzt Erstaunliches
   hören.›

Die Syntax ist ohne Beispiel, denn ein weites Präpositionalgefüge, die beiden Mittelverse, schiebt sich zwischen zwei vollständige Sätze, auf die es beziehbar ist; es schiebt sich damit auch in die Bewegung vom gemeinschaftsstiftenden *uns* zum distanzierenden *ir*, in dem sich der Erzähler olympisch (= auktorial) über das Wissen der Gemeinschaft – in unserem Falle dasjenige der altadeligen, mündlichen Laienkultur – erhebt. Die Allwissenheit gehört zum Stil des *carmen heroicum*.

Das von alters Erzählte ist nach Auffassung der Zeit mit dem Fluidum der Wahrheit umgeben, es ist – wenn auch fingierte – Geschichte, deren Grundzüge ein Erzähler nicht verändern, die er jedoch «wirkungsvoll verwenden» darf (ARISTOTELES, S. 43/45). Der Rhapsode zieht sich in die Geschichte (als *story* und *history*) zurück. Er bleibt anonym und redet «möglichst wenig in eigener Person» – so ARISTOTELES (S. 83) über HOMER.

Die *grôze arebeit*, die der Erzähler ankündigt, dürfen wir mit dem «schweren Leid» (*pathos*) der antiken Poetik gleichsetzen, (ARISTOTELES, S. 78 f.). Es bewirkt – eine weitere Voraussetzung tragischer epischer Konstruktion – Jammer und Rührung (*eleos*) sowie Schauder(n) (*phobos*), also jenes *jâmer unde nôt* (2378,2), mit dem sich das Epos verabschiedet.

Zum rhetorischen Schmuck zählen *hyperbole* (‹Übertreibung›) – *wunders vil, lobebæren, grôze arebeit, wunder hœren sagen* – und *variatio* (‹Abwechslung›) – *helt, recke*. Die Kämpfer werden später auch *rîter/ritter, degen*, seltener *wîgant* genannt. Für den Epiker waren diese Wörter meistens synonym, wenn sie freilich auch ihre je eigene Geschichte besaßen.

Die beiden parallel und je antithetisch gebauten Mittelverse verbergen die epische Konstruktion als *metabolē*, als ‹Umschlag› von Glück in Unglück (s. S. 66, 68 f.). Kein belehrendes Sprichwort führt uns wie in den Ritterromanen in den Text ein. Das Gesetz der Gattung ist unerbittlich, gleichsam eine Kontrafaktur des arthurischen Romans: ein Ende als *eleos* (‹Jammer›) und *phobos* (‹Schauder›), schwere Konflikte exorbitanter Menschen, eine mythische Geschichte, die an der Rekonstruktion des heroischen Zeitalters arbeitet – auch dies scheint in dem weiten Begriff der *alten mæren* durch. Das schwere Versmaß, den leichten höfischen Reimpaarversen eines HEINRICH VON VELDEKE, HARTMANN VON AUE oder WOLFRAM VON ESCHENBACH entgegengesetzt, unterstreicht den kontrafaktischen Charakter; ein Versuch, ein *metron heroikon* (ARISTOTELES, S. 81) auf der Basis altdeutscher Erzählkultur einzurichten.

«Heldenepik ist die bevorzugte Gattung des kulturellen Gedächtnisses im Rahmen einer bestimmten Gesellschaftsform.» Wie HOMER die ILIAS, so präsentiert der Dichter des NIBE-

LUNGENLIEDES seinen Vortrag nicht als eine Erzählung von Mythen und Wundergeschichten, sondern als eine «Kodifikation von Erinnerung» – einen Medienwechsel von der Mündlichkeit in die Schriftlichkeit. Und wie der Grieche, so konstituiert auch er für die Aristokratie seiner Zeit «eine ‹Vergangenheit› im Sinne eines Heroischen Zeitalters» (Zitate: Assmann 2002, S. 274).

II. Die historische Basis –
Burgunder, Franken, Hunnen

Die Burgunder

Das NIBELUNGENLIED ist ein Epos von den Burgundern, deren Krieger es mit den Nibelungen gleichsetzt. Die historischen Burgunder (auch: Burgunden), die während ihrer Wanderungen aus der Odergegend und ihrer Organisation als Volk möglicherweise andere Stammesgruppen in sich aufnahmen, zogen im frühen 5. Jahrhundert an den Mittelrhein und setzten sich dort im Rücken der Alemannen fest (TODD 2000, WOLFRAM 1995). Im Raum Worms, einem der zentralen Schauplätze des NIBELUNGENLIEDES, bleiben sie allerdings nach Auskunft der heutigen Archäolgie unsichtbar. Es fehlen gesicherte burgundische Bodenfunde (GRÜNEWALD 2004), sodass wir von einem Reich der Burgunder am Rhein, das uns in vielen Darstellungen zum NIBELUNGENLIED begegnet, nicht sprechen können.

Im Jahr 435/36 führte GUNDOHAR/GUNDAHAR, wahrscheinlich der Namengeber für den Gunther des NIBELUNGENLIEDES, sein Volk westwärts in die Provinz Belgica, wurde aber von den Truppen des römischen Feldherrn FLAVIUS AËTIUS zurückgeschlagen. Im Jahr darauf besiegte eine hunnische Armee die Burgunder, deren Heer nach zeitgenössischen Quellen 20 000 Krieger umfasst haben soll, unter GUNDOHARS Führung. Ließe sich diese Zahl wirklich sichern, dann könnte die Niederlage GUNDOHARS mit einiger Wahrscheinlichkeit als ein Teil des Nibelungenprojekts im Rahmen der Etablierung des *heroic age* angesehen werden. Doch schon wenige Jahre später, als die Burgunder in der Sapaudia (Savoyen) – ein Gebiet beiderseits des Genfer Sees – als Föderaten Roms angesiedelt waren, hatte ihr Volk wieder eine beachtliche Größe erreicht.

In der Sapaudia bauten sich die Burgunder ein ansehnliches Reich auf. Ihr König GUNDOBAD (480–516) ließ eine Gesetzessammlung niederschreiben (LEX BURGUNDIONUM), die GIBICA und GISLAHAR zu seinen Ahnen zählt. Diese Namen sind als Gibeche und Giselher in die Nibelungensage eingewoben (s. S. 22). In den dreißiger Jahren des 6. Jahrhunderts eroberten die Franken das Reich der Burgunder, die aber schon zwei Jahrzehnte später unter einem eigenen König ihr Siedlungsgebiet nach Westen hin ausdehnten.

Die Franken

Die merowingische Expansion schuf die Bedingungen für eine Kontamination fränkischer und burgundischer Erinnerungskulturen. Im fränkisch-merowingischen Königshaus waren Herrschernamen mit *Sigi-* als erstem Glied heimisch. SIGIBERT I. (561–575) war der Gemahl der anmutigen westgotischen Prinzessin BRUNICHILD. Allerdings finden wir auch im Burgund jener Zeit Namen wie SIGISMUND und SIGERICH (HARTMANN 2003, HAUBRICHS 2000).

BRUNICHILD, die sich nach der Eskalierung der Familienstreitigkeiten zu einer äußerst grausamen Königin gewandelt hatte und die der Chronik FREDEGARS zufolge intrigant und machtgierig war, residierte nach der Ermordung ihres Gatten 575 offenbar für kurze Zeit in Worms. Sie hatte sich mit ihrer Schwägerin FREDEGUNDE (gestorben 597), der Gemahlin König CHILPERICHS I. (ermordet 584), und deren Sohn CHLOTHAR II. (584–629/30) sowie mit der gesamten austrasischen Aristokratie überworfen. Vom Heer ihres elfjährigen Urenkels SIGIBERT II. konnte sie nicht gerettet werden und geriet 613 in Gefangenschaft. Zusammen mit SIGIBERT starb sie einen grausamen Tod. CHLOTHAR machte sie für den Tod ihres Gemahls SIGIBERT I. verantwortlich, den der zeitgenössische Chronist GREGOR VON TOURS FREDEGUNDE zuschrieb.

Diese mörderische Geschichte, eingeschlossen die abgrundtiefe Feindschaft zwischen BRUNICHILD und FREDEGUNDE sowie zwischen dieser und AUDOVERA, der ersten Gemahlin CHILPERICHS, die auf FREDEGUNDES Befehl ermordet wurde (HARTMANN 2003, S. 41 ff.), bildet den im Detail nicht mehr

rekonstruierbaren Hintergrund des fränkischen Nibelungenprojekts.

Hunnen und Ostgoten

Die Hunnen, ein Reiter- und Nomadenvolk aus Zentralasien,
drangen seit 375 n. Chr. über die südrussischen Steppen nach
Westen vor. Sie unterwarfen die in Südosteuropa siedelnden germanischen Stämme und lösten damit jene Fluchtbewegung aus,
die als «Völkerwanderung» in die Geschichtsbücher eingegan-
gen ist. 375/76 eroberten sie das Ostgotenreich ERMANARICHS
und zogen im ausgehenden 4. und beginnenden 5. Jahrhundert
an die untere Donau. 423–425 verlagerten sie ihr Herrschafts-
zentrum in die Gegend des späteren Ungarn. Unter BLEDA
(434–445) – dem Blœdel(în) des NIBELUNGENLIEDES – reichte
ihr Reich von Mittelasien und dem Kaukasus bis zu Donau und
Rhein, unter seinem Bruder und zeitweiligen Mitregenten ATTI-
LA – dem Etzel des Epos, dem Atli der nordischen Sagen – unter-
nahmen sie Kriegszüge nach Gallien. Nach ATTILAS Tod 453
zerfiel ihr Reich. Er soll in der Hochzeitsnacht mit einer gewis-
sen ILDIKO gestorben sein, die häufig, was aber eigentlich nicht
zu verifizieren ist, als Urbild der Kriemhild des Nibelungenprojekts angesehen wird.

Nach dem Tod ERMANARICHS und ATTILAS ließen sich die
Ostgoten zunächst in Pannonien, dann, seit 488, unter THEO-
DERICH (um 453–526) – dem Dietrich von Bern (das ist Verona)
der Sage – aus dem Geschlecht der AMALER – den Amelungen
der Sage – in Italien nieder. THEODERICH (der Große) baute ein
germanisches Bündnissystem auf, das er nach der Sitte der Zeit
durch Heiratsverbindungen festigte.

Nach der ÞIÐREKS SAGA erobert Atli, Sohn des Friesenkönigs
Osid, das westfälische Hunenland (*Húnaland*) mit der Residenz
Susat (Soest). Er wirbt erfolgreich um die Witwe Grimhild, die
in Werniza im Niflungenland lebt. In Susat finden die Niflungen
den Tod; Gunnar/Gunther stirbt im dortigen Schlangenhof,
einem Turm mitten in der Stadt, Högni/Hagen wird von Thi-
dreks/Dietrichs Flammenatem tödlich verletzt.

III. Das *mære* –
Der Inhalt in Stichworten, die Klage

Aventüre 1–4: Unter der Herrschaft von König Gunther und seiner Brüder Gernot und Giselher wächst Prinzessin Kriemhild am burgundischen Hof in Worms auf. – Am Hof in Xanten am Niederrhein wächst Prinz Siegfried auf. – Er reitet mit kleinem Gefolge nach Worms, um um Kriemhild zu werben; er trägt die Werbung jedoch nicht vor, sondern ist zunächst auf den Nachweis seiner Königswürde bedacht. – Erfolgreich verteidigt er Burgund gegen einen Einfall der Dänen und Sachsen. – Als Belohnung für den Sieg darf er Kriemhild begegnen; die Zuneigung beider ist unübersehbar.

Aventüre 6–11: Gunther möchte um die starke isländische Königin Brünhild werben und benötigt dazu Siegfrieds Hilfe; Siegfried verlangt Kriemhild als Lohn. – Mit Siegfrieds Hilfe – er bedient sich dazu seiner Tarnkappe und der Lüge, dass er ein *man* Gunthers sei – kann Gunther die Werbung auf Brünhilds Burg Isenstein erfolgreich abschließen und die Königin nach Worms geleiten; sie werden von einem großen Heer begleitet, das Siegfried nach einem heimlichen Abstecher in sein norwegisches Nibelungenreich Gunther zugeführt hat. – Am Burgundenhof vermählen sich beide Paare, Gunther benötigt jedoch erneut die Hilfe Siegfrieds und seiner Tarnkappe, um die sich heftig gegen seine Zärtlichkeiten wehrende Brünhild niederzuringen; Siegfried entwendet ihren Zaubergürtel und einen Ring. – Siegfried führt Kriemhild an den elterlichen Hof nach Xanten und übernimmt dort erfolgreich die Herrschaft. – Zehn Jahre vergehen; Geburt der Kinder Gunther in Xanten und Siegfried in Worms.

Aventüre 12–16: Brünhild sinnt über Siegfrieds *man*-Status nach und erreicht, dass Gunther das Xantener Königspaar zu einem Fest einlädt. – Gegen Ende des Festes haben sich die Königinnen unversöhnlich miteinander überworfen. – Hagen überzeugt Gunther von der Notwendigkeit, das durch Kriemhild beleidigte Reich zu rächen und Siegfried zu töten; dadurch würde auch die Position des Burgundenreichs unantastbar.

Aventüre 17–19: Auf einer von Hagen listenreich eingefädelten Jagd wird Siegfried ermordet. – Kriemhild überführt Hagen durch ein Gottesurteil als Mörder, Gunther nimmt ihn jedoch in Schutz. – Siegfried erhält ein würdiges christliches Begräbnis, Kriemhild bleibt in Worms, versöhnt sich formal mit Gunther und lebt mit ihrem Gesinde in trauerndem Gedenken an Siegfried in einem schönen Gebäude am Dom. – Der Hort Siegfrieds, Kriemhilds Morgengabe, wird aus dem Nibelungenland geholt. – Kriemhild beschenkt viele Krieger; Hagen sieht darin eine Gefahr für das Reich und versenkt bei Abwesenheit der Königsbrüder den Hort im Rhein. – Hagen gerät zeitweilig in Ungnade; vor seiner Tat gab es einen Schwur, das Versteck des Goldes geheim zu halten. – Kriemhild lässt Siegfried in die Fürstabtei Lorsch überführen (nur NIBELUNGENLIED-*C).

Aventüre 20–23: Dreizehn Jahre vergehen; Markgraf Rüdiger von Pöchlarn wirbt im Auftrag des Hunnenkönigs Etzel um die schöne Witwe. – Nach einem geheimen Hilfeleistungseid gelingt es ihm, die Zögernde umzustimmen; gegen den Rat Hagens begrüßen die Königsbrüder die neue Ehe. – Kriemhild reist Etzel entgegen; der Aufenthalt bei Bischof Pilgrim von Passau wird hervorgehoben. – Glanzvolle Hochzeit in Wien und anschließender Ritt in die Residenz Etzels. – In Etzelnburg erblickt Ortlieb das Licht der Welt, und Kriemhild arbeitet viele Jahre lang zielstrebig an ihrer Rache. – Als Kriemhild Etzel darum bittet, ihre Verwandten einzuladen, stimmt dieser freudig zu; das Fest wird zur Sonnenwende anberaumt.

Aventüre 24–28: Auf den Rat Hagens hin reiten die Burgunden in Waffen und mit einem großen Heer nach Etzelnburg; sie heißen jetzt auch Nibelungen. – Dramatische Begebenheiten beim Übergang über die Donau. – Vor dem Einritt in Rüdigers Land wohlwollender Empfang durch Bischof Pilgrim. – Der Grenzwächter Eckewart warnt die Burgunden vor Kriemhild. – Rüdiger empfängt die Burgunden in seiner Residenz; Versippung beider Häuser und Bindung durch Gastgeschenke. – Rüdiger geleitet das Heer nach Etzelnburg; irritierende Begrüßung durch die Königin, wohlwollende Begrüßung durch Etzel.

Aventüre 29–36: Von Kriemhild herausgefordert, gibt Hagen den Mord an Siegfried zu; Kriemhilds erste Hetze misslingt. – Schildwacht Hagens und Volkers; Kriemhilds zweite Hetze misslingt. – Kriemhild verschärft die Hetze; Etzels Bruder Blœdel ist nach reichen Versprechungen zur Hilfe bereit. – Festmahl; Blœdel überfällt das auf Befehl Kriemhilds gesondert unter der Führung Dankwards lagernde Gesinde der Burgunden; alle Hunnen und Burgunden sterben, nur Dankward überlebt. – Dankward kämpft sich zum Festsaal durch und meldet den Überfall; Hagen tötet Ortlieb, den Schwertern der Burgunden entkommen nur das Königspaar sowie Dietrich und Rüdiger mit ihren Kriegern. – Die toten Hunnen werden aus dem Saal geworfen; jetzt ist auch Etzel zum Kampf gegen die Gäste bereit; Kriemhild verschärft ihre Hetze. – Tod von Markgraf Iring und der dänischen und thüringischen Krieger. – Die Burgunden liefern Hagen nicht aus («Nibelungentreue»); Kriemhild lässt den Festsaal anzünden, die Burgunden überleben jedoch, weil sie ihren Durst mit dem Blut der Erschlagenen löschen.

Aventüre 37–39: Rüdiger greift in die Kämpfe ein; er und seine Krieger fallen, unter den Nibelungen auch Gernot, als erster der Königsbrüder. – Rüdigers Tod und der Tod seiner eigenen Amelungenkrieger, darunter namentlich Wolfharts, der zusammen mit Giselher fällt, bewegt Dietrich, in die Kämpfe einzugreifen. – Dietrich fesselt die beiden letzten überlebenden Nibelungen, Gunther und Hagen, und führt sie zu Kriemhild; er schlägt erfolglos ihre Vergeiselung vor. – Kriemhild fordert vergeblich von Hagen den Hort. – Sie lässt Gunther enthaupten, doch Hagen gibt das Versteck nicht preis. – Kriemhild tötet Hagen mit Siegfrieds Schwert; Hildebrand schlägt Kriemhild in Stücke.

Die KLAGE: An das NIBELUNGENLIED schließt häufig ein Epos (*liet*) in höfischen Reimpaarversen mit dem Titel DIU KLAGE an, dessen vier Redaktionen im Wesentlichen aus der *C-Bearbeitung des NIBELUNGENLIEDES hervorgegangen sind (BUMKE 1996, SCHIROCK 2004). DIU KLAGE bewertet das Nibelungengeschehen unter kirchlicher – nicht zwingend christlicher – Perspektive und lässt es trotz aller Trauer hoffnungsvoll ausklingen. Die Erzähler der Bearbeitungen engagieren sich für ihre Heldin und wünschen jeden in die Hölle, der glaubt, Kriemhild habe Gottes Huld verwirkt. Ihre große *triuwe* und Gottes übergroße Gnade sichern ihr einen Platz im Himmel. Sie befürworten also Kriemhilds Rachehandeln gegen den bösen Hagen, das allerdings gegen Ende eine eigene teuflische Dynamik entfaltet habe und ihr deshalb entglitten sei.

Diu Klage arbeitet nicht nur die Trauer der Höfe ab, sie arbeitet auch an der geschichtlichen Authentizität des Nibelungengeschehens und beschreibt die Totenklagen in Etzelnburg und die Überbringung der Trauerbotschaft an die Höfe von *Bechelâren* (Pöchlarn), Passau und Worms. In Passau lässt Bischof Pilgrim den Bericht über den Burgundenuntergang durch den *meister* (‹Magister›, ‹Gelehrter›, ‹Aufseher [einer Schreibstube]›) Konrad in Latein *brieven* (‹aufschreiben›, ‹beurkunden›); in Worms findet nach dem Tod Utes und erschütternden Klagen die Krönung des jungen Königs Siegfried statt.

Sofern – es gibt jedoch auffällige Ausnahmen und auch bei einer Reihe von Nibelungenlied-Fragmenten vermuten wir einen Klage-Anhang nur – man im Mittelalter das Nibelungenlied als Vortext der Klage wahrnahm, dann «endete» es damals weit weniger schrecklich/pathetisch als für die Leserinnen und Leser seit der Romantik. Seine Perspektivlosigkeit ist in einen neuen Sinnhorizont mit einer – in der Kontinuität des burgundischen Königtums angedeuteten – heilsgeschichtlichen Perspektive überführt. Solche Optimierung erscheint nach dem zunehmenden Verlust der Heilsgeschichte in der Neuzeit nur noch wenig überzeugend – die Trivialisierung eines großen Endes.

IV. Die Höfe, die Akteure, der Mythos

Das NIBELUNGENLIED lässt – unter bezeichnenden Abweichungen von den skandinavischen Skizzen – die mythischen Konstruktionen des germanischen Heldenzeitalters aufscheinen und vernetzt sie mit der zeitgenössischen ritterlich-höfischen Kultur. Die antike Poetik wählte für ihr Ziel der Katharsis durch Jammer und Schauder Menschen aus, «die großes Ansehen und Glück genießen» (ARISTOTELES, S. 39). In diesem Sinne spielt das NIBELUNGENLIED an den reichen Höfen des hohen Adels, dessen «Ehre» (s. S. 7 f.) es in Glanz und Untergang inszeniert. Die Königshöfe von Worms und Etzelnburg/Gran bilden, gleich den Brennpunkten einer Ellipse, die Zentren, um die sich die kleineren Schauplätze gruppieren, namentlich Xanten, Nibelungsburg und Isenstein. Der Epiker stellt uns seine Höfe und deren Mitglieder nicht systematisch vor, sondern enthüllt sie erst allmählich während seiner *performance*. Außerdem bieten nicht alle Handschriften dasselbe Panorama. Die J-Gruppe etwa, die fast ein Drittel der Textzeugen vertritt, erzählt die 1. Aventüre ohne die burgundische Vasallität.

Worms

Wir wissen nicht, wie der Name der Stadt in das Nibelungenprojekt kam. Vielleicht durch historische Erinnerung (s. Kapitel II), vielleicht auch nur deshalb, weil er dem altdeutschen *wurm* – mit mitteldeutscher Senkung des u zu o – nahe stand, das neben ‹Wurm› auch ‹Drache/Lindwurm› (zu mittelhochdeutsch *lint* ‹Schlange›) bedeutete. Diese Fabelwesen, an denen die unerschrockenen Kämpfer ihre Kühnheit beweisen konnten, gehörten seit jeher zur Heldensage.

Als der Mythos verschriftet wurde, nahm die Stadt eine zentrale Stellung im Römischen Reich ein, war sie ein Zentrum

staufischer Herrschaft (EHRISMANN 2005/1). Das NIBELUN-
GENLIED siedelt in Worms (*ze Wormez*, 6,1; *C *ze Wornize*; vgl.
Werniza S. 16) die Residenz der drei burgundischen Könige
Gunther, Gernot (*Gêrnôt*) und Giselher (*Gîselher*) an. Einige
Handschriften nennen übrigens ihr Reich jetzt schon *ze den Ni-
belungen* oder *der Nebelonge lant*. Gunther, dem ranghöchsten
der Brüder, folgt Gernot; Giselher trägt bis ins hohe Alter den
Beinamen *daz kint*. Im mythischen Raum gelten die einmal ge-
setzten Beziehungen, setzt die Zeit symbolische Räume.

Heldenmut (*unmâzen küene*), Freigebigkeit (*milte*) und hohe
Geburt (*von arde hôhe erborn*) zeichnen die Könige aus (5).
Einst waren dies magische Qualitäten, in der Dichtung um
1200 gehören sie zum Standard fürstlicher Profilbildung. Nach
zeitgenössischem Recht besitzen die Brüder die Vormundschaft
(*munt*) über ihre Schwester Kriemhild (*Kriemhilt*), die – auch
dies keine epische Besonderheit – schöner ist als alle Frauen der
Welt – *in allen landen niht schœners mohte sîn* (2,2). In ruhiger
und vielfach formelhafter Diktion führt der Epiker – ganz im
Sinne der antiken Poetik – außergewöhnliche Menschen ein.
Kriemhilds Schönheit, deutet er voraus, verursacht den späteren
Tod der Kämpfer – *dar umbe muosen degene vil verliesen den
lîp* (‹deshalb mussten viele Krieger das Leben verlieren›, 2,4).
Kriemhild, eine homerische Helena. Die Poesie in Antike und
Mittelalter entfaltet sich auf einem misogynen Untergrund.

Neben der Schwester «bevormunden» die Könige ihre Mutter Ute (*Uote*). Der Vater Dankrat (*Dancrât*, 7) ist verstorben.
Die altnordischen und einige mittelhochdeutsche Quellen, der
HÜRNEN SEYFRID (wahrscheinlich 13. Jahrhundert), das NIBE-
LUNGENLIED der Handschrift k (späteres 15. Jahrhundert) und
die HISTORIE VON DEM GEHÖRNTEN SIEGFRIED (1726), haben
die stabende Namentradition bewahrt und nennen ihn Gjúki
beziehungsweise Gibeche/Gibaldus. Im NIBELUNGENLIED ist
Gibeche ein König am Hof Etzels. Die Geschichte der heroischen Namen ist heute vielfach nicht mehr durchschaubar.

Die *hôhe êre* (13,1) des Burgundenhofes fußt nicht nur auf
dem namhaften Erbe und dem Ansehen der gegenwärtigen Könige, sondern auch auf dem Dienst einer hervorragenden Ritter-

schaft und Vasallität, die uns protokollarisch in drei Dreiergruppen vorgestellt wird. Zunächst die mit dem Herrscherhaus verwandten Kronvasallen: Hagen von Tronege (*von Tronege Hagene*, *A *von Tronyn*; 9,1; 1133,3), dessen Bruder Dankward (*Dancwart*, 9,2) und beider Neffe Ortwin (*von Metzen Ortwîn*; 9,2; 119,2). Hagen, dessen Vater Aldrian (*Aldrîân*, 1539,2) später erwähnt wird, zählt nicht wie in anderen Nibelungenprojekten zu den Brüdern. Er hat kein definiertes Hofamt (LM 5, Sp. 67 f.) inne, gibt jedoch im königlichen Rat, dem *consilium familiare*, unter den vasallitischen Amtsträgern die gewichtigste Stimme ab. Auch als Königsbote (530) und Organisator der Heerfahrt ins Hunnenland wird er eingesetzt. Sein Bruder Dankward ist als Marschall Herr der Pferde und des fürstlichen Gesindes auf Reisen und Heerzügen, Neffe Ortwin steht als Truchsess herkömmlicherweise an der Spitze der Hofämter und ist, wie das NIBELUNGENLIED mehrfach bezeugt, für die königliche Tafel zuständig. Nach dem Aufbruch der Burgunden zu den Hunnen verschwindet er aus dem Blickfeld des Dichters.

Die Liste der Hofämter unterbrechen die beiden Markgrafen Gere (*Gêre*) und Eckeward (*Ekkewart*) sowie Volker von Alzey (*Volkêr von Alzeye*; 9,3 f.). Gere, der auch den Titel Herzog führt (582,1), wird – zum Beispiel in der 12. und 20. Aventüre – für heikle Aufträge eingesetzt; Eckeward fungiert, wie wir sehen werden, als besonderer Vertrauter Kriemhilds. Volker, den edlen Spielmann und kühnen Fiedler, wertet der Erzähler in der Heerfahrt zu den Hunnen zu einem intimen Alter ego Hagens auf.

Die dritte Gruppe fasst das Namenglied -olt zusammen, das einst ‹stark sein, herrschen› bedeutet hatte. Mundschenk und Kämmerer, neben Truchsess und Marschall die beiden anderen bis in die fränkische Frühzeit zurückreichenden Hofämter, sind an Sindold (*Sindolt*) und Hunold (*Hûnolt*) vergeben. Mundschenk Sindold beaufsichtigt Keller und Weinberge, Kämmerer Hunold den königlichen Schatz. Das erstmals 1205 am Hof König Philipps von Schwaben nachweisbare Reichshofamt des Küchenmeisters (s. S. 8), dem Amt des Truchsessen ähnlich, ist Rumold (*Rûmolt*) zugewiesen, der bei der Heerfahrt zu den Hunnen als Statthalter des Reiches zurückbleibt (1519). Welche Würde besaß diese Herrschaft über die Küche eigentlich?

Einige Herren besitzen Landlehen, mit denen sie das Heeresaufgebot nach Gran unterstützen. Hagen und Dankward bieten zusammen 80, Volker 30 Mann auf (1475 ff.; s. S. 36). Über die geistliche Betreuung des Hofes schweigt das Epos: Beim Zug zu Etzel spielt der Kaplan eine gewisse Rolle (s. S. 38 f.) und der Bischof von Speyer verabschiedet das Heer (s. S. 37).

Xanten

Xanten am Niederrhein ist auffällig blass konturiert. Erwähnt werden nur Prinz Siegfried (*Sîvrit*, 21,1), seine Eltern Siegmund (*Sigemunt*) und Sieglinde (*Sigelint*, 20,2) sowie die Residenz selbst, reich, mächtig und *wîten wol bekant* (‹weithin berühmt›, 20,3). Der Epiker arbeitet hier zweifellos in Erinnerung an konkurrierende «mythische» Nibelungenprojekte, die wir uns *cum grano salis* aus der skandinavischen Überlieferung (REICHERT 2003) rekonstruieren können. So erzählt die um die Mitte des 13. Jahrhunderts im norwegischen Bergen nach Berichten deutscher Kaufleute aufgezeichnete Saga Dietrichs von Bern (ÞIÐREKS SAGA), dass Sigurd, wie der Prinz hier genannt wird, von Sisibe geboren, in der Einöde zur Welt kam, bei einer Hindin aufwuchs und von Schmied Mime erzogen wurde. Die etwa zeitgleiche Saga von den Völsungen (VÖLSUNGA SAGA), die überwiegend auf älteren Heldenliedern fußt, beginnt die Genealogie von Sigurðr Fáfnisbani (‹Sigurd der Drachentöter›) mit Odin und führt zu Völsung und seinem Sohn Siegmund, der sterbend mit seiner Frau Hjördís Sigurd zeugt. Dieser wächst am Hof des Dänenkönigs Hjálprek – dies ist CHILPERICH (s. S. 15) – auf und wird von dem königlichen Schmied Regin ausgebildet, der ihn dazu anstiftet, Fafnirs Hort zu rauben (s. S. 27).

Siegfried erhält eine gediegene Einführung in das ritterliche Leben, die mit der Schwertleite endet. Ihr reiches Zeremoniell ist ungewöhnlich detailliert ausgeführt und steht zeichenhaft für die gerade bei diesem Helden vorbildlich gelungene höfische

Initiation – zur Sonnenwende (31,4); Jahre später wird Kriemhilds Rache zur Sonnenwende zu Ende geführt.

Das NIBELUNGENLIED blendet die mythische Seite des Prota-
gonisten erst später ein und leuchtet zunächst dessen ritterlich-
höfische Umgebung voll und assoziationsfähig aus. Xanten
hatte sich zur Zeit des Dichters durch seine zentrale Stellung im
kirchlichen und politischen Raum am Niederrhein heraus-
ragend positioniert (RUNDE 2003, EHRISMANN 2005/2). Man
konnte es mit dem mittelrheinischen Worms vergleichen, wenn
es auch innerhalb des Römischen Reichs eine kleinere Rolle
spielte. Das Stift Xanten, das im 4. Jahrhundert im Gedenken an
das Martyrium des heiligen Viktor gegründet worden war, begann im ausgehenden 12. Jahrhundert mit dem Westbau des
Domes. Viktor wurde wie der Sagenheld als Drachentöter ge-
feiert, und sein Name, der ‹Sieger› bedeutet, ließ sich leicht mit
dessen erstem Namenglied assoziieren. Zwischen dem Wormser
und dem Xantener Raum gab es relativ dichte kirchliche und
wirtschaftliche Verbindungen. Wenn wir die mutmaßlich gar
nicht so abwegige These verfolgen, dass ein mittelrheinisches
mündliches oder schon verschriftetes Nibelungenprojekt vor
oder neben dem NIBELUNGENLIED existierte, ein Text, der der
lieblichen und liebenden Kriemhild huldigte und nicht der späteren Rächerin, dann kommen uns Zweifel, ob es überhaupt
erst der Nibelungendichter selbst war, der die Stadt in den Mythos einführte.

Xanten, die *Colonia Ulpia Trajana* (CUT), wie sein Grün-
dungsname lautet, und Hagen bildeten wichtige Bausteine des
fränkischen Trojamythos (RUNDE 2003, S. 135 ff.). Die Ruinen der CUT kannte man spätestens seit dem 7. Jahrhundert
als *Troia Francorum*; OTTO VON FREISING (S. 117) erzählt
von *Troia, quae nunc Xantis dicitur* (‹Troja, das jetzt Xanten
heißt›). Auf der anderen Seite nennt die ÞIÐREKS SAGA Hagen
Haugni af Troja, und nach dem Dichter des WALTHARIUS
(Vers 28) ist Hagen ‹dem Stamme Trojas entsprossen› (*veniens de
germine Troiae*). Hagen, Siegfried und Brünhild repräsentieren
die fränkische Erinnerungskultur des weit verzweigten Nibelungenprojekts.

Ein Epiker, der von der *rîchen bürge* Xanten erzählte, durfte sicher sein, dass sein Publikum die vom staufischen Kaiserhaus gepflegte mythische Legitimation des Reiches gleichsam als zweite Melodie mithörte. «Barbarossa», so Heinz Thomas (1995, S. 65), «ließ sich in die Tradition von Trojanern und Römern stellen.»

Mit Siegfrieds Erhebung zum Ritter öffnete sich für das Publikum um 1200 ein weiterer assoziativer Raum, bezogen auf die außergewöhnlich eindrucksvolle Schwertleite zu Pfingsten 1184 in Mainz, als der Kaiser seine Söhne Friedrich und Heinrich zu Rittern erhob (LM 7, Sp. 1646 f.).

Nibelungsburg

Als Markgraf Gere in der 12. Aventüre Kriemhild und Siegfried zum Fest nach Burgund einlädt, trifft er sie nicht *ze Santen*, sondern *ze Nibelunges bürge* (739,2) an. Diese *burc* liegt im Land *zen Nibelungen* (484,4; 721,1), das Siegfried dient und in dem er *den grôzen hort* (484,4) besitzt, den sagenhaften Schatz des Königs Nibelung (*Nibelunc*, 88,3). Nibelung hat zwei Söhne, Schilbung (*Schilbunc*) und Nibelung (87,3). Als diese Siegfried bitten, als Vermittler den Hort unter ihnen aufzuteilen, erschlägt er sie mit Nibelungs Schwert Balmung (*Balmunc*), das sie ihm überreicht haben. Er ringt zwölf starke Riesen, 700 Krieger und den starken Zwerg Alberich (*Albrich*) nieder, dessen Tarnkappe, einen unsichtbar machenden Kapuzenmantel, der zugleich die Stärke von zwölf Männern verleiht, er an sich nimmt. Dies alles erzählt Hagen in der 3. Aventüre, als Siegfried am Königshof zu Worms einreitet.

Der Epiker denkt sich Nibelungs Land als Mark *ze Norwæge* (739,3), als ein Grenzland offenbar des Xantener Reichs, das er kontrastierend *Sigemundes lant* (720,3) nennt. Wahrscheinlich – aber Hagen erzählt uns dies nicht – hat es Siegfried vor seiner Ritterweihe erobert, als er *versuochte vil der rîche durch ellenthaften muot* (‹viele Reiche heimsuchte, um seine Tapferkeit zu beweisen›, 21,2) und dorthin *ân' alle helfe reit* (‹ohne jegliche Hilfe ritt›, 88,1) – also noch ein Recke der alten Form, kein höfischer Ritter war. Ob der Erzähler dort auch jenen Sieg über den Drachen angesiedelt wissen wollte, in dessen Blut Siegfried badete? Das Bad im heißen Drachenblut machte ihn, so verrät Kriemhild Hagen später (902), bis auf eine kleine Stelle zwischen den Schulterblättern, auf die ein Lindenblatt gefallen war, unverwundbar. – Solche scheinbare Unverwundbarkeit ist das Stigma für einen frühen, heldenhaften Tod, denken wir nur an Achilles, den seine Mutter dummerweise an der Ferse hielt, als sie ihn in den schützenden Styx (s. S. 38) tauchte.

Siegfried, *der helt von Nibelunge lant* (1011,4; 1724,4), zieht in der 8. Aventüre in sein Reich und lässt heimlich ein 1000 Krieger umfassendes Ritterheer zu Gunthers Schutz ausheben. Unerkannt ringt er den Burgwächter-Riesen nieder, dann Alberich, seinen Kämmerer. Beide erweisen sich als zuverlässig, zugleich hat er die eigene Herrschaftsfähigkeit demonstriert.

Das NIBELUNGENLIED verschweigt die mythische Geschichte des Schatzes. Wir können sie in der um 1200 verfassten EDDA des isländischen Gelehrten SNORRI STURLUSON (1179–1241) nachlesen. Es ist das Gold des Zwerges Andvari aus der Welt der Schwarzalben, der als Fisch im Wasser lebt. Der listige Loki, durch Odin dazu aufgefordert, hat es ihm geraubt, um die Buße für die Tötung eines Otters, den Sohn des Zauberers Hreidmar, bezahlen zu können. An dem Gold und besonders an seinem Zauberring, der den Schatz vermehren kann, hängt der Fluch Andvaris: Jeder, der es besitzt, bezahlt dafür mit seinem Leben. Dies trifft Hreidmar selbst, dann auch Fafnir, der in Drachengestalt in einer Höhle auf der Gnitaheide haust und den Hort bewacht, und dessen Bruder Regin (s. S. 24). (Schatzhüter-Drachen, ein europäisches Motiv, spielen in den altgermanischen Sagen eine gewichtige Rolle, als Schatz-Schlange – auch Fafnir kriecht nur! – gehen sie wahrscheinlich auf antike und orientalische Bilder zurück; s. HA 2, Sp. 384 ff.) Sigurd, von Regin angestiftet, tötet nach SNORRIS Version Fafnir und danach den Schmied, weil der ihn aus Goldgier töten wollte. Dies hat er durch zwei Kleiber erfahren, deren Unterhaltung er versteht, weil er das Herzblut des Drachen gekostet hat. Er belädt sein Ross Grani mit dem Gold und reitet weg – gelangt zu Brynhild.

Die Eroberung von Nibelungs Land verschafft Siegfried Zugriff auf die wunderbare Welt des Mythos, deren leises Rauschen wir im NIBELUNGENLIED, wenn wir denn möchten, immer wieder einmal vernehmen können – bis hin zu dem Fluch, den Andvari über den Hort spricht. Für die Gattung Heldensage sind solche Untertöne nicht ungewöhnlich; der exorbitante Held, der alle überragt, entrinnt niemals ganz der Welt der Halbgötter. Nicht poetologisch und motivgeschichtlich, sondern tiefenpsychologisch gesehen, ist er der Träger spezifisch männlicher Allmachtsphantasien mit ihrem dunklen Hintergrund von Leidens- und Todesverachtung, die die dialektische Psychologie heute als eine subtile Kompensation von Leidens- und Todesängsten interpretieren kann (RICHTER 1979). Die Menschen um 1200 allerdings, die sich religiöser Kompensationstechniken bedienten, konnten bei ihrer Identifikation mit dem Heros die Ebene des Erinnerns und Gedenkens, der *mnēmē*, aktivieren.

Der Name *Nibelung* selbst bleibt ungeklärt. Man bringt ihn gerne mit germanischem *nebula-, *nibila (‹Nebel›) und altnordischem *njôl* (‹Nacht›) sowie *nifl-*, dem Bestimmungswort zu *niflheim* (‹die dunkle Welt›), zusammen, womit SNORRI STURLUSON das Totenreich der Göttin Hel bezeichnete.

Isenstein

Isenstein (*Îsenstein*; zu mhd. *îsen* ‹Eisen› und *stein* ‹Fels, Feste, Bergschloss›) heißt die Burg (*burc, veste*) von Königin Brünhild (*Prünhilt*) in *Prünhilde lant* (382,3), das den Namen Island (*Îslant*; zu mhd. *îs* ‹Eis›) trägt und das Gunther, Siegfried, Hagen und Dankward auf ihrer Werbungsfahrt *in recken wîse* (‹nach der Art allein umherziehender Krieger›, 341,1) bei gutem Wind und zwanzig deutschen Meilen pro Tag (381,2 f.; *C ‹viele Meilen›) mit dem Schiff von Worms aus in zwölf Tagen erreichen (382,1). Etwa einen Tag schnellste Schiffsreise und mehr als hundert deutsche Meilen – *C erzählt ohne Entfernungsangabe – liegt es vom Land Nibelungs entfernt (484). Wir können heute die Maße des Erzählers, *mîle* und *lange raste* (484,3), nicht mehr rekonstruieren und lesen sie am Besten als Chiffren zur Gestaltung eines weiten epischen Raumes.

Als Gunther in Island eintrifft, erblickt er in der *wîten marke* (383,2) staunend *vil der bürge* (383,1). Sichtlich bemüht sich der Erzähler, das Land zu einem bedeutenden Territorium aufzuwerten, in das das moderne Rittertum mit seinen schönen Damen (384,4) Einzug gehalten hat. Die Königin bietet alle Mittel höfischer Repräsentation auf, eine große Zahl *vriunde, mâge unde man* (476,2) stehen an ihrer Seite. Schön ist sie wie kaum eine, wenn, aus Gründen der Erzählraison, auch nicht ganz so schön wie die erste Heldin des Epos, Kriemhild (593).

Kraft zeichnet Brünhild aus; ein magischer Gürtel verleiht sie ihr, wie wir später in ihren Brautnächten mit Gunther (S. 17, 53, 62) erfahren. Solche Gürtel tragen auch Gott Thor und Zwerg Laurin (HA 3, Sp. 1211 f.), Brünhild schenkt er die Stärke von zwölf Männern, die sie auf der Suche nach einem ebenbürtigen Ehemann immer wieder erfolgreich einsetzt. Der Hass auf den Freier ist ein nicht ungewöhnliches Erzählmotiv, wir erinnern nur an die schöne Schotten-Königin Hermutrud aus der HAMLET-Geschichte des SAXO GRAMMATICUS (S. 198 ff.). Der Dichter positioniert Brünhild nach einem märchen- und feenhaften, auch mythischen Muster *über sê* (RINN 1996, S. 230 ff.):

Ez was ein küneginne   gesezzen über sê,
ir gelîche enheine   man wesse ninder mê.
diu was unmâzen scœne,   vil michel was ir kraft.
sie scôz mit snellen degenen   umbe minne den scaft.

‹Eine Königin saß jenseits des Meeres,
eine wie sie fand man nirgendwo auf der Welt.
Sie war über die Maßen schön, sehr groß war ihre Kraft.
Im Speerwerfen kämpfte sie mit kühnen Männern
      um die Liebe.› (326)

Nur sie und Siegfried umgibt dieses magisch-mythische Fluidum, nur Siegfried kennt den Weg nach Island (382,4) – Assoziation des mythischen Raumes. Aus den nach Art der Sagen und Mythen inkongruenten Texten der SONRRA EDDA, der

VÖLSUNGA SAGA und der LIEDER-EDDA erfahren wir von der Walküre Brynhild, die in einer auf einem Berg, dem Hindarfjall, stehenden Halle schläft, über der Feuer aufflammt; Odin hat sie mit dem Schlafdorn gestochen. Sigurd (s. S. 24) erweckt die Schlafende, sie erteilt ihm Weisheitslehren. Man verlobt sich; nicht allerdings bei SNORRI (s. S. 27). Brynhild ist Walküre und höfische Dame zugleich. Als Dame wohnt sie bei ihrem Schwager Heimir und fertigt Stickereien mit den Taten Sigurds an. Kriegerisch, wie sie ist, duldet sie keinen Mann neben sich.

Nun wirbt Sigurd um sie, und sie erneuern ihre Verlobung. Als später Gunnar, der Gunther des NIBELUNGENLIEDES, um sie wirbt, ist sie wieder die kampfbereite Walküre. Jetzt tauscht Sigurd mit Gunnar die Gestalt – Gestaltentausch statt Tarnkappe –, durchreitet das Feuer und zelebriert ein keusches Beilager, legt ein Schwert zwischen sich und Brynhild. Nur die Ringe tauschen sie. Widerstrebend befolgt Brynhild Heimirs Rat, Gunnar zu heiraten. (Gunnars Schwester heißt hier Gudrun, Grimhild ist Gunnars Mutter; das erste Namenglied gehört zu *Grímr*, einem Namen für Odin.)

Was auch immer der Dichter des NIBELUNGENLIEDES aus dem nordischen Projekt kannte, dessen Szenerie finden wir von dem unwirtlichen Felsen Hindarfjall in die Ritterburg Isenstein verlagert. In einem schweren Triathlon mit Steinweitwurf, Weitsprung und Schießen mit dem Wurfspieß zwischen Gunther und Brünhild wird sie erobert. In der Eroberung, manchmal auch Befreiung einer Burg oder eines Landes, so müssen wir wissen, chiffriert die zeitgenössische höfische Dichtung gerne die «Eroberung» der Königin. Die Fornaldarsögur (‹Vorzeitsagen›) des Nordens kennen diesen Wettkampf nicht. Der Nibelungenepiker erfindet ihn offenbar selbst als Kompensation der kriegerischen Walküre. Gunther siegt mithilfe des in der Tarnkappe (s. S. 26) verborgenen Siegfried.

Anders als den Königen von Worms und Xanten fehlt Brünhild der dynastische Hintergrund. Siegfried kennt den Weg zu ihr, und sie begrüßt ihn in der Königshalle als ersten. Mit solchen Details öffnet der Dichter den mythischen Erinnerungsraum, den er jedoch durch ein hintergründiges Erzählen zugleich wie-

der verdunkelt. Denn Gunther und Siegfried sind beide schnee-
weiß gekleidet wie Brünhild selbst, und einer ihrer Gefolgsleute
hatte ihr erzählt, dass es wohl Siegfried sei, der angelandet hätte;
ihn solle sie *wol enpfâhen* (‹gut begrüßen›, 411,4). Als Gunther
das Schiff verlässt, leistet ihm – nicht in *A – Siegfried den Mar-
schalldienst, den wir im Hinblick auf die nachhaltige Klärung
des Begriffs zwischen Kaiser BARBAROSSA und den pästlichen
Legaten (s. S. 46) als Lehnsdienst, jedoch auch als eine bloße Eh-
renbezeugung auffassen können. Die in den Schießscharten sich
drängenden Hofdamen haben diesen «Dienst» wahrgenommen
(398,4) – aber auch die Königin selbst (401,4)?

Um als Werber auftreten zu können, hatte Siegfried kurz vor
der Ankunft in Island vorgeschlagen, Gunther solle als sein Herr,
er selbst als dessen *man* bezeichnet werden (386). Die Herren,
neben Gunther auch Hagen und Dankwart, hatten *durch ir
übermüete* (387,2) zugestimmt. Als Brünhild jetzt Siegfried als
man wahrnehmen und erfahren muss, dass es Gunther ist, der
um sie kämpfen will, klopft sie den *man*-Begriff fest – *ist er dîn
herre unt bistu sîn man [...]* (‹ist er dein Herr, und du sein Lehnsmann [...]›, 423,1). Das von Siegfried eröffnete Spiel ist unum-
kehrbar geworden. Das einst mythische Szenario ist, wenn auch
etwas verkrüppelt, im System des Feudalrechts angekommen.

Etzelnburg

Etzel, der König der Hunnen, residiert *in sîner stat ze Gran*
(1497,2), seine Residenz heißt *ze Etzelnburc* (1379,1). Wir vermuten sie aufgrund archäologischer Funde im heutigen Eszter-
gom, dem früheren Gran, dem Königssitz der Arpaden; unter
anderem hatten König KONRAD III. und Kaiser FRIEDRICH I.
BARBAROSSA dort auf ihren Zügen ins Heilige Land Aufnahme
gefunden. Mit dem Bau der im ausgehenden 10. Jahrhundert auf
einer alten römischen Siedlungsstätte errichteten Königsburg ist
vor allem der Name STEPHANS I., des Heiligen (997–1038), verbunden. Das Reich der Ungarn, an der Schnittstelle zwischen
dem erstarkenden Römischen und dem zerfallenden Byzantinischen Reich gelegen, war ein Schmelztiegel vieler Völker und

politisch und kulturell eng mit seinen nördlichen Nachbarn verbunden. Während des 12. Jahrhunderts besiedelten es auch
Deutsche, meist vom Niederrhein her.

Das NIBELUNGENLIED siedelt als Reflex dieser Geschichte am
Hof der Hunnen eine Vielzahl germanischer und slawischer
Fürsten mit ihren Gefolgsleuten an, von denen Kriemhild einige
als Rachehelfer gewinnen kann, namentlich Iring (*Irinc*) und
seinen Lehnsherrn Hawart (*Hâwart*) von Dänemark sowie Irn-
frid (*Irnfrit*), Landgraf von Thüringen (s. S. 75). An Etzels Viel-
völkerhof herrscht Religionsfreiheit – *Bî im was z'allen zîten,*
(daz wætlîch mêr ergê) / kristenlîcher orden unt ouch der heiden
ê (‹bei ihm waren stets – was wahrscheinlich kaum mehr ge-
schieht – Christentum und Heidentum zu Hause›, 1335,1 f.).
Dies erlaubt es letztendlich der Kriemhild des NIBELUNGENLIE-
DES, die Werbung des Königs anzunehmen, wobei der Erzähler
in NIBELUNGENLIED-*C subtiler als der in *AB (s. S. 73) arbeitet. Auch kann ihr Sohn Ortlieb (*Ortliep*) christlich getauft werden (1388,3).

Blicken wir auf die vergangenen Kapitel zurück. Das Nibelungenprojekt, das der Dichter des NIBELUNGENLIEDES durch seine
Variante bereicherte, hatte eine weit in die Jahrhunderte der
germanischen Wanderungen und Reichsgründungen zurückrei-
chende Geschichte. Die historische Basis der Sage ist durch eine
jahrhundertealte Erinnerungskultur, die die Geschichte zum Mythos gemacht hat (s. ASSMANN 2002, S. 52), allerdings gründlich
und unwiederbringlich zerstört.

V. Reisen

Mit der Statik der Höfe kontrastieren die Reisen und Botschaften, die einen weit verzweigten epischen Raum errichten. Siegfried, auf Brautschau, reitet vom Niederrhein nach Worms, Gunther, gleichfalls werbend, fährt zu Schiff von dort nach Island. Von Brünhilds Burg stiehlt sich Siegfried heimlich ins Nibelungenland davon und nach der isländischen Landnahme führt ein beeindruckender Zug an den Rhein zurück. Siegfried führt seine Frau nach Xanten heim und in die Mark Norwegen, wo sie Markgraf Gere zu jenem verhängnisvollen Fest einlädt, das zum Zerwürfnis der Königinnen führt. Nach Siegfrieds Tod reitet der trauernde Siegmund, der mit nach Worms gekommen war, nach Xanten zurück. Wenig später holen Gernot und Giselher mit beachtlichem Gefolge den Nibelungenschatz nach Burgund.

Kaum eine Aventüre ohne Bewegung. In der 20. trifft Rüdiger (*Rüedegêr*) bei den Burgunden ein und wirbt in Etzels Auftrag um die schöne Witwe Kriemhild. Sie akzeptiert und zieht mit großem Gefolge ins Hunnenland. Nach über einem Jahrzehnt laden Etzels Boten zum Fest nach Etzelnburg, zu dem die vorsichtigen Burgunden mit einem gewaltigen Heerzug aufbrechen. Für die beiden großen Reisen nach Süden öffnet das Epos eine erstaunlich detailreiche Landschaft.

Kriemhilds Reise zu Etzel

Gunther begleitet die Schwester und ihr Gefolge nur bis wenige Meter vor die Stadt. So wird die nicht gelungene Versöhnung sichtbar. Gernot und Giselher, Gere und Eckeward, Ortwin und Rumold – nach NIBELUNGENLIED-*C 1311,4 auch Volker als Marschall – reiten bis nach Pförring (*ze Vergen*, 1291,1) an der Donau mit, einem alten Übergang. Graf Eckeward bleibt auch

im Hunnenland bei ihr; Rüdiger, der erfolgreiche Werber, verlässt sie in seiner Residenz Pöchlarn (*Bechelâren*).

Von Pförring aus führt die Reise in die Bischofstadt Passau
(*ze Pazzouwe*). NIBELUNGENLIED-*C erwähnt noch eine Rast in
Plattling (*ze Pledelingen*; Zusatzstrophe *C 1324). In Passau –
*AB lässt den Ort der Begegnung unbestimmt und *C demon-
striert hier eine profunde Ortskenntnis – empfängt sie ihr On-
kel, Fürstbischof Pilgrim (*Pilgrîn, Pilgerîn*); es ist der erste
Kirchort seines Bistums im Westen. Pilgrim geleitet seine Nichte
in die Stadt, in der ihr die Bürger, namentlich die Kaufleute
(1298,4), einen großartigen Empfang bereiten. NIBELUNGEN-
LIED-*AB stellt noch eine besondere Ortskenntnis zur Schau
und erwähnt, dass in der Stadt *noch ein klôster stât* (‹noch
heute ein Kloster steht›, 1295,3) – wir denken an das Kloster
der Benediktinerinnen von Niedernburg – und *daz In mit fluzze
in die Tuonouwe gât* (‹der Inn mit einer starken Strömung in die
Donau mündet›, 1295,4).

Das NIBELUNGENLIED zeichnet Passau und seinen Bischof Pilgrim in auffälliger Weise aus (s. auch S. 73, 114). Der Empfang
durch den Bischof steht jedoch nicht nur als Zeichen für die re-
präsentative Verwandtschaft der burgundischen Könige und die
Einbindung Kriemhilds in die christliche Gemeinschaft, die der
Epiker vielfach hervorhebt. Ein hoch angesehener PILGRIM, verwandt mit dem römischen Kaiserhaus und bestrebt, sein Bistum
zum Erzbistum aufzuwerten, hatte zwischen 971–991 den Passauer Bischofsstuhl inne. Der mit dem NIBELUNGENLIED zeitgenössische Passauer Bischof WOLFGER VON ERLA hatte sich an
PILGRIMS Todestag inthronisieren lassen. Er stellte sich während
der dynastischen Kriege nach dem Tod Heinrichs VI. auf die
staufische Seite und betrieb, wie sein Namensvetter bemüht, das
Bistum aufzuwerten, eine intensive Erinnerungspflege an diesen.
Mit der «Chiffre» *Pilgrîn* – das Wort bedeutet ‹Pilger› – konnte
der Epiker ein Coming-out inszenieren, das ihn als Sympathisan-
ten König Philipps entlarvte. Für diesen schwärmte damals auch
der von WOLFGER geförderte WALTHER VON DER VOGELWEIDE.

Eckeward drängt zum Aufbruch. Die Weiterreise führt über
Eferding (*ze Everdingen*) und die Traun (*Trûne*) zur Enns (*bî*

Ense), an der Rüdigers Mark beginnt. Zum Schutz der Reisenden vor den räuberischen Bayern hat der Markgraf mehr als tausend Ritter (1303) aufgeboten. Wollte der Erzähler mit einer Invektive gegen die welfische Herrschaft die prostaufische Assoziationskette seines Epos um ein weiteres Glied verlängern?

An der Mündung der Enns empfängt Rüdigers Gemahlin Gotlind (*Gotelint*) die Gäste, sie werden opulent beköstigt (1304,4). In seiner *burc ze Bechelâren* (1318,2) begrüßt Rüdigers Tochter, die keinen Namen trägt, die Fremden; man tauscht Geschenke (s. S. 40 f.). Im nahen Melk (*ze Medelicke*) trinken die Gäste Wein aus goldenen Pokalen – ein reiches Kloster, ein Frieden stiftendes Ritual. Der dortige Burgherr Astold (*Astolt*) zeigt ihnen die Straße nach Mautern (*gegen Mûtâren*), der Grenzstation zu Österreich (*Österlant, Österrîche*), zwischen der Veste Dürnstein und dem Stift Göttweig gelegen; hier verabschiedet sich Bischof Pilgrim. An der Mündung der Traisen (*bî der Treisem*), an der Etzels Reich beginnt, auf der prächtigen Burg Traismauer (*Treysenmûre*, nur *C) vor dem weiten Tullner Feld erwartet man die Hunnen (*Hiunen*); *AB nennt stattdessen Zeiselmauer (*Zeizenmûre*), den Mittelpunkt einer größeren passauischen Grundherrschaft, die allerdings östlich von Tulln liegt (Bumke 1996, S. 568 ff.).

Auf dem Tullner Feld präsentiert sich stolz das Vielvölkerheer Etzels, angeführt von 24 Fürsten. Kriemhilds Rache blitzt auf – *des wart dô vroun Kriemhilde vil wol gehœhet der muot* (‹darüber freute sich Frau Kriemhild sehr›). Es ist Pfingsten – eine symbolische Zeit, in der die Könige gerne feiern, Artus etwa oder Barbarossa, auch der Löwe Vrevel im Reynke de Vos – und in Wien richtet der Hunnenkönig ein großartiges 17-tägiges Hochzeits- und Krönungsfest aus. Breit entfaltet es der Epiker und konterkariert damit die Unglückszahl. Zahlen mit einer Sieben bedeuten nichts Gutes im Volksglauben.

Warum Wien und nicht Etzelnburg? Mit Wien wählte der Epiker – wie mit Worms und Xanten – eine zeichenhafte Stadt. Zu seiner Zeit war es die bedeutendste der landesfürstlichen Städte Österreichs und eine der bedeutendsten der deutschen Länder überhaupt; auch ein Zentrum der ritterlich-höfischen

Festkultur. Nach WALTHERS VON DER VOGELWEIDE Lied DER
HOF ZE WIENE SPRACH kam nur der Hof des Königs Artus diesem Hof der babenbergischen Herzöge gleich. Vielleicht ließ
sich der Dichter aber auch von der Hochzeit Herzog Leo-
polds VI., des Glorreichen, mit Prinzessin Theodora Komnena
aus dem byzantinischen Kaiserhaus 1203 inspirieren. Baben-
berger und Staufer waren weitläufig verwandt. Dann hätte das
NIBELUNGENLIED nicht nur die Chiffre für eine berühmte Stadt
gewählt, sondern würde auch das Staufer-Spiel weitertreiben.

Die Residenz des Hunnenkönigs wird über Hainburg (*ze
Heimburc*) und Wieselburg (*ze Misenburc*), an der kleinen Donau gelegen, erreicht. Hier verfolgt Kriemhild mit großem Geschick und großer Langmut ihre Rachepläne (s. Kapitel VII).
Nach sieben Jahren (1387,2) – wieder eine Unglückszahl –
kommt Ortlieb zur Welt; nach weiteren sechs Jahren – die Unglückszahl dreizehn (1390,4) ist erreicht – gewährt ihr Etzel
freudig die Einladung ihrer Brüder – *Nu het si wol erkunnen,
daz ir niemen widerstuont* (‹jetzt hatte sie gut erforscht, dass
sich ihr niemand widersetzte›, 1391,1). Die Verwandten des
Königs mit ihren Lehnsleuten und zwölf Könige stehen ihr zu
Diensten.

Der Heerzug der Burgunden

Im *consilium familiare* kann sich Hagen nicht durchsetzen,
auch Rumold (1469,4; s. S. 23 f.) findet kein Gehör. Die Könige
folgen Etzels Einladung; sie auszuschlagen, wäre ohnehin eine
Provokation (s. S. 65). Man bietet zum Schutz allerdings über
3000 Krieger auf. Gunther steuert seine 1060 Hauskrieger bei,
Hagen, Dankward und Volker, Besitzer von Landlehen, geben
110 (s. S. 24); aus 3000, die Gunther im Reich rekrutieren lässt,
wählt Hagen 1000 der Besten aus, dazu gesellen sich die
1000 Nibelungenritter, die Siegfried und Kriemhild einst mit an
den Rhein gebracht hatten (760,3). 9000 Knechte sorgen sich
um die Kämpfer. Der Epiker erzählt realistisch, zeitgemäß und
präzise, führt ein modernes Ritterheer in die dunkle, mythisch
eingefärbte Welt an der Donau.

Königinmutter Ute träumt, dass alle Vögel des Landes tot sind
(1509). Es ist ein weiblicher Warntraum, vergleichbar mit den
Träumen Kriemhilds vor Siegfrieds Tod (921–925). Die Männer
– auch in den nordischen Erzählungen – pflegen solche Träume
zu missachten. Ein alter, weiser Bischof aus Speyer (*von Spîre ein
alter bischof*, 1508,2), der sich bei Ute aufhält, wünscht, Gott
möge die Ehre der *vriunde* – er spricht nicht von ihrem Leben –
bewahren – *got müez' ir êre dâ bewarn* (1508,4). Warum nicht
der Wormser? Im nahen Speyer ruhen die Gebeine der römischen
Könige und Kaiser. Ist Speyer eine Chiffre für das sterbende
Reich – des römischen (THOMAS 2005) oder nur des burgundischen?

Bald nach dem Aufbruch der Krieger führt das NIBELUNGEN-
LIED *Burgonden* und *Nibelungen* zu austauschbaren Namen
zusammen – eine Verbeugung vor der Überlieferung, philolo-
gisch irritierend, wichtig aber: Hörerinnen und Hörer im Mittelalter hat es nicht gestört. Vielleicht darf man es auch augen-
zwinkernd vor der Arbeit des Epikers zur Kenntnis nehmen.
Wahrscheinlich hat ihn das zu seiner Zeit in der kollektiven
Nibelungenmemoria geläufige Wort von *der Nibelunge nôt*
(‹der Kampf der Nibelungen›) zur Aufwertung des Nibelungen-
namens bewogen. So integriert er zunächst die tausend Krieger
Nibelungs (*Nibelunges helde*, 1523,1) in den Heerzug der Burgunden. Hagen, heißt es dann, führt die Männer Gunthers
(*Guntheres man*, 1524,2) den Main aufwärts und durch Ost-
franken (*Ôstervranken*), denn er kennt sich dort gut aus. Nach
der Durchquerung des Gaus Schwalbfeld (*Swalevelde*; nach
dem Flüsschen Schwalb benannt) erreicht man nach symbo-
lischen zwölf Tagen die Donau. Hier erhebt der Erzähler Hagen durch einen volltönenden altertümlichen Reim zum Führer
des gesamten Heeres:

*Dô reit von Tronege Hagene   z'aller vorderôst
er was den Nibelungen   ein helflîcher trôst.*

‹Da ritt Hagen von Tronje an der Spitze,
er war für die Nibelungen ein sicherer Schutz.› (1526,1 f.)

Dieser Ton lässt keinen Zweifel daran, dass in Zukunft Burgunden und Nibelungen dieselben sein werden. Man mag sich dabei auch daran erinnern, dass die Burgunden den fluchbeladenen Hort besitzen (s. S. 27 und 33), und dass sie nach NIBELUNGENLIED-*C (1138) sogar das Nibelungenland erobert haben. Erst am mythenfähigen Ort aber, an der Donau, vollzieht der Dichter den Namentausch.

Die Donau ist über die Ufer getreten – *daz wazzer was engozzen* (1527,1). Realität – wir sind im späten Frühjahr und zur Sonnenwende wird das Heer in Etzelnburg eintreffen können – und Symbolik – die Welt ist aus den Fugen – fließen hier ineinander. Hagen hält nach einem Fährmann Ausschau und trifft auf zwei Weise Frauen (*wîsiu wîp*, 1533,3; *merwîp*, 1535–39; zu mhd. *mer* ‹stehendes Gewässer›), die in einer schönen Quelle baden und wie Vögel auf dem Wasser schweben. Vielleicht steht er an den Quellen des Kelsbaches in Etting, nordwestlich von Pförring (WEBER 1926). Als mythische Gewässergeister besitzen die dämonischen Wesen die Gabe der Weissagung. Sie verkünden Hagen den Untergang des Heeres, nur der Kaplan des Königs werde überleben (1542).

Der übermüete Hagene (1549,1) will von all dem nichts wissen und sucht den Fährmann auf, den er mit einem goldenen Ring lockt. Der Fährmann möchte ihn töten, doch Hagen kommt ihm zuvor. Mythisches Zitat des Todes: Charon setzt die Seelen der Toten über den Styx, den Fluss der Unterwelt; mit einem Boot fährt die Heldin des HERWÖRLIEDES zur Toteninsel; ein Gießbach überflutet die Halle, und Frauen führen Gunnar in das Reich der Toten (GRÖNLÄNDISCHES ATLILIED, Str. 25 ff.).

Hagen schleppt das Boot zum Heer und organisiert die Überfahrt bei Großmehring (*ze Mœringen*, 1591,1), gut zehn Kilometer von Pförring flussaufwärts. Der Erzähler meidet wie schon bei der Schilderung von Kriemhilds Reise die 1146 fertig gestellte steinerne Brücke bei Regensburg. Sie hätte die mythische Atmosphäre sicherlich empfindlich gestört.

Auf der letzten Fahrt stößt Hagen den Kaplan in die Fluten. Mit Gottes Hilfe (1579,3) schwimmt dieser ans rettende Ufer zurück. Die Weissagung der *merwîp* erfüllt sich, doch auch Gott hat seine Hand im Spiel; der Volksglaube sah in diesem Zusammenwirken keinen Widerspruch.

Noch einmal verdichtet sich der mythische Raum, Hagen lässt das Boot zerschlagen. So hat ALEXANDER DER GROSSE nach dem Übergang über den Euphrat die Brücke zerstört, um seinem Heer den Rückzug abzuschneiden; so haben die fünf Helden des GRÖNLÄNDISCHEN ATLILIEDES das Boot treiben lassen, nachdem sie über den Fjord zu Atli gerudert sind. Den bestürzten Kriegern erzählt Hagen die Weissagung; nur ein Feigling, meint er, würde umkehren. Das NIBELUNGENLIED institutionalisiert den barbarischen Ehrbegriff, den auch die Fornaldarsögur entwickeln und der – anders als der ritterliche – den barbarischen Furor, den Rausch beim Töten, einschließt, den Tod geradezu herausfordert. Ohne ihn können wir das Auftreten der Nibelungen bei Etzel nicht verstehen. Ein Krieger, der ein mythisches Wissen über seinen Tod besitzt, entzieht sich seinem Schicksal nicht, sondern nimmt es furchtlos kämpfend an. Einst führte ihn deshalb die Walküre nach Walhall, jetzt lebt er immerhin noch für den Nachruhm.

Markgraf Gelfrat (*Gelpfrât*) überfällt mit seinem Bruder Else die Nachhut des Heeres, um den Fährmann, ein *man* Elses, zu rächen. Dankward kommt Hagen zu Hilfe und erschlägt Gelfrat (1613), Else flieht; hundert der siebenhundert Bayern und vier Nibelungen bleiben auf dem Schlachtfeld. Ein wenig auf Kosten Hagens hellt der Epiker vorausschauend Dankwards Bild auf.

An der Grenze zum Hunnenreich, auf Rüdigers Mark, trifft das Heer auf den schlafenden Wächter Eckeward; der Name bedeutet «Schwertwächter». Hagen spielt das Spiel vom Gabentausch, raubt ihm das Schwert und gibt es ihm mit sechs Goldringen wieder zurück. In den barbarischen Gesellschaften des frühen Mittelalters – doch hat sich die Anschauung im weiteren Mittelalter und im Volksglauben lange erhalten – besaß der Gabentausch eine quasi rechtsverbindliche Bindungskraft für beide Parteien, auch wenn die Rechtszuständigkeit des Empfängers nicht fest umrissen war. Geben im Sinne von schenken erforderte äußerste Sensibilität (GRÖNBECH [11]1991). Wer den höheren Rang einnahm, verweigerte die Gabe dessen, der unter ihm stand, um sich nicht mit ihm auf eine Stufe zu stellen; wer geringeren Ranges war, sonnte sich in der Ehre dessen, der ihn beschenkte. So kettete die *gâbe* Geber und Begabten aneinander.

Da Hagen dem Wächter mehr schenkt, als er ihm nimmt, und ihm darüber hinaus mit dem Schwert seine Identität zurückgibt, verpflichtet er sich einen *vriunt*, der denn auch der *vriuntschaft* sogleich nachkommt, die Burgunden vor dem Hass der Königin (1635) warnt und Rüdiger die Ankunft des Heeres meldet. Das alte Wort *vriunt* akzentuiert die enge Bindung innerhalb der *familia*, der Gemeinschaft von Haus und Hof (LM 4, Sp. 254 ff.), und unterscheidet daher nicht prinzipiell zwischen ‹Freund› und ‹Verwandter›. Das Band der Freundschaft wird dabei weniger emotional als durch rechtliche Verträge und Verpflichtungen – im vorliegenden Fall also durch die Gabe – geknüpft.

Die Grenze ist für den Volksglauben ein magischer Ort (HA 3, Sp. 1137 ff.); schläft der Wächter, werden die von außen kommenden bösen Kräfte nicht abgewehrt. Der mythische Eckeward zieht dem Geisterheer voraus; er sitzt als Warner vor dem Verderben bringenden Venusberg (PANZER 1955, S. 391 ff.). Der Epiker taucht das Heer der Nibelungen in ein dämonisches Licht. Zugleich erhebt er den Grenzwächter nach den *merwîp* und vor Dietrich zur zweiten Warnerfigur.

In *Bechelâren* empfängt der gastfreundliche Rüdiger die Burgunden, und Hagen verfolgt das Ziel, *vriunde* durch Gabentausch zu gewinnen, weiter. Die Tochter des Markgrafen wird Giselher zugeführt, Rüdiger, der kein Land zu verschenken hat, revanchiert sich mit reicher Gabe und verspricht, seinen neuen Verwandten *mit triuwen immer wesen holt* (‹stets treu zu dienen›, 1681,4); die Formel ist dem vasallitischen Eid angenähert. In der Feudalgesellschaft gilt die Ehe als ein Rechtsgeschäft, das wie jedes Rechtsgeschäft auf einem Austausch von (materiellen oder ideellen) Gaben beruht, der seinerseits die gegenseitige Unantastbarkeit verbürgt (HRG 1, Sp. 1365 f.; LM 3, Sp. 1629 f.).

Rüdiger inszeniert zum Abschied aus Pöchlarn einen neuen Gaberitus und schenkt Gunther eine prächtige Rüstung, Gernot ein Schwert. Von Gotlind erhält Volker zwölf Goldringe und

Hagen den Schild Nuodungs, den wir aus dem Sagenkreis um Dietrich als ihren Verwandten kennen. Indem die Könige diese Geschenke annehmen, erweisen sie dem Markgrafen eine hohe Ehre.

Gâbe, *gastunge* (‹Bewirtung›) und das nun hinzukommende *geleite* – hier als Wegegeleit (1708,3) zu Etzels Burg – verdichten mit ihrer quasi rechtskräftigen Bindung die *vriuntschaft* beider Häuser. Die tatsächliche Rechtsverbindlichkeit dieser Handlungen war zur Zeit des Nibelungenliedes allerdings wenig fest umrissen.

In einem Fenster stehend (1716,1) beobachtet Kriemhild das herannahende Heer. Ihre Haltung parodiert die Erwartungshaltung einer Liebenden. Überraschenderweise freut sie sich über die Bewaffnung der Krieger (1717,2 f.) – vielleicht eine rituelle Freude, vielleicht auch eine Freude darauf, dass das Ziel der Rache nun endlich nahe ist. Nibelungenlied-*AB lässt sie denn auch sogleich mit der Hetze (s. S. 73 ff.) beginnen, während Nibelungenlied-*C (1756 f.) noch einmal ihr konkretes Ziel formuliert, die Rache an Hagen.

König Etzel bittet seine Frau, die Gäste freundlich zu empfangen (*wol enpfâhen*, 1715,3). Er will mit dem *gruoz* ein Friedenszeichen setzen, doch Kriemhild missachtet seine Bitte. Sie begrüßt nur ihren Bruder Giselher, die Nibelungen dagegen *mit valschem muote* (‹auf falsche Weise›, 1737,2), nämlich gar nicht. Dietrich hatte Hagen gewarnt (1726,4), dieser reagiert nun mit einem beeindruckenden Zeichen der Kampfbereitschaft und bindet den Helm fester (1737,4). Eindeutige Gesten ersetzen die Worte.

VI. Streitgespräche

«Genießendes Verweilen in der Gegenwart einer vollkommenen Erscheinung» (Jauß 1984, S. 132) kennzeichnet ein Epos ebenso wie dramatische Gespräche. Diese sind Wortzeichen, die tief in die Handlung einschneiden und ihre Struktur nachhaltig bestimmen. Siegfrieds erste Begegnung mit Gunther (3. Aventüre), Kriemhilds Zerwürfnis mit Brünhild (14. Aventüre), Rüdigers Verwicklung in widerstreitende rechtserhebliche Bindungen (37. Aventüre) sind herausragende Beispiele solcher dramaturgischen Setzungen, die in dieser Form nur auf dem Boden jener ritterlich-höfischen, dem hohen Wert der Ehre verpflichteten konservativen Adelsgesellschaft, die das NIBELUNGENLIED abbildet, möglich waren.

Siegfried und Gunther
(3. Aventüre)

Nach der Schwertleite (s. S. 24, 26) führt der Epiker seinen Helden zur höfischen Liebe (*hôhe minne*, 47,1), die er allerdings, anders als der zeitgenössische Minnesang, auf die Ehe bezieht. Siegfried möchte Kriemhild, deren *unmâzen scœne* (‹über alles Maß hinausgehende Schönheit›, 49,2) ihm zu Ohren gekommen ist. Widerstrebend, aber letztlich doch *wærlîchen vrô* (‹wirklich erfreut›, 53,2), stimmt Siegmund zu, er warnt jedoch vor der *übermüete* (54,2) Hagens. Erstmals zitiert hier der Epiker das Motiv der Hybris, das auch die nordischen Fornaldarsögur kennen. Nach ARISTOTELES bestimmt Hybris den tragischen Helden. Wir sehen den *übermuot*/die *übermüete* in diesen narrativen Traditionen; er gehört nicht in die christliche Welt des Hochmuts, der Todsünde *superbia*. Hybris zeichnet, jedenfalls im NIBELUNGENLIED, aber gewiss nicht nur dort, die Ehre des Adels aus, die sein Leben ist.

Für seine Werbung am Burgundenhof hält sich Siegfried die Optionen Krieg und Frieden offen – *swaz ich friwentlîche niht ab in erbit, / daz mac sus erwerben mit ellen dâ mîn hant* (‹was ich nicht nach Art eines *vriunt* von ihnen [den Burgunden] erbitten kann, / das werde ich mit Tapferkeit erreichen›, 55,2 f.). Ein Heeresaufgebot, das der Vater anbietet, lehnt er ab und reitet nach sieben Tagen mit einem kleinen Gefolge in Worms ein – rotgolden die Gewänder, perfekt die glänzenden Rüstungen, wohltrainiert die Rosse, die Schwerter reichen bis zu den Sporen (71 ff.). Das beeindruckende militärische Schaugehabe visualisiert die Ehre des Prinzen; Hagen erkennt ihn offenbar gerade dadurch. In dem eilig zusammengerufenen *consilium familiare* rät er, dem Fremden, dessen mythische Geschichte er rühmt (s. S. 26), einen freundlichen, für Burgund günstigen Empfang zu bereiten – *man sol in holden hân* (101,3).

An der nun folgenden Sequenz, in der Siegfried seine ritterliche Erziehung zu vergessen und episch unmotiviert eine kriegerische Reizrede im Sinne der älteren heroischen Epik (vgl. EHRISMANN 1975/2) zu beginnen scheint, sind, mit dem Fokus des Widerspruchs, bis in die Gegenwart (HAUG 1994, J.-D. MÜLLER 1998) immer wieder tiefgründige Quellen- und Erzähltheorien erprobt worden. Wir wollen sie dagegen, die kommunikativen Rituale des Mittelalters und die doppelte Konditioniertheit Siegfrieds durch den Epiker erinnernd, als eine ergebnisoffene Verhandlung lesen. Ihr Ziel ist auf beiden Seiten der Aufbau von *vriuntschaft* durch Demonstration von Ehre – ‹Freundschaft und Verwandtschaft› auf Seiten Siegfrieds, ‹Freundschaft› auf Seiten Gunthers; *haben in ze friwende* (120,4), wird Gernot später sagen. Beide Seiten müssen ihr Profil schärfen, die Burgunden gegenüber einem *in strîtes vâr* (‹kampfbereit›, 102,2) eingerittenen Krieger, und Siegfried, der nicht weiß, was die Burgunden von ihm wissen, wird Imagebildung betreiben müssen, um seine Ebenbürtigkeit zu beweisen, ein Vorgang, der *per se* einer agonalen Grundstruktur folgt. In der relativ kommunikationsarmen Gesellschaft des frühen und hohen Mittelalters ist das Fremde meistens zunächst auch das Feindliche (SCHEIBELREITER 1999, S. 471 f.). Die ersten Worte, der *gruoz*, entscheiden zwischen Krieg und Frieden; bei ritueller Kommunikation kann es keine inhaltsleeren Floskeln geben.

Deshalb setzen das *schœne grüezen* (vgl. 105,4) der Burgunden, die dem Fremden in den Hof entgegengehen (s. S. 61), das *nîgen* (‹Verneigen›, 105,3) Siegfrieds und die ehrenden pluralen Anreden Zeichen der Ehre und des Friedens. Gunthers Frage nach dem Woher des Fremden und seinen Plänen (106) sowie die anschließende umfangreiche Lobrede Siegfrieds auf die hohe Reputation des Burgundenhofes und seines Königs (107 f.) schärfen diese Zeichen. Siegfried handelt hoch kontrolliert und beherrscht die höfischen Rituale, macht aber auch deutlich, dass er sich nicht auf den Ruf eines Hofes verlassen, sondern diesen bewiesen sehen möchte – *nu wil ich niht erwinden, unz ez mir werde bekant* (‹jetzt will ich erfahren, ob es stimmt›, 108,4). Der Epiker profiliert ihn als jemanden, der einen Beweis sucht, weil er selbst einen Beweis erbringen will, nämlich den der Ebenbürtigkeit. Im folgenden *ouch* (‹auch›), das rhythmisch betont und nicht zu überhören ist, hebt Siegfried seine eigene Tapferkeit und seinen königlichen Rang hervor – *Ich bin ouch ein recke und solde krône tragen* (‹Ich bin auch ein Held und sollte eine Krone tragen / hätte eine Krone tragen sollen›, 109,1; vgl. Strophe 42 f.).

Als Beweis *seiner* Ehre (109,4) schlägt er einen Zweikampf mit Gunther vor, den er in der Form der Fehdeansage ankündigt:

> *ich wil an iu ertwingen,   swaz ir muget hân:*
> *lant unde bürge,   daz sol mir werden undertân.*

> ‹Ich will Euch dazu zwingen, alles herzugeben,
>   was Ihr besitzt:
> Länder und Städte/Burgen sollen mir untertan werden.›
>
> (110,3 f.)

Für das zeitgenössische Publikum war ein Ehrebeweis durch Kräftemessen kaum befremdlich. Die Form – doch dies ist nur ein Versuch – wäre dadurch zu erklären, dass es sich um einen Kampf der Könige handeln würde, die ihr Land repräsentieren.

Die Burgunden reagieren verwundert und zornig (111), was sicherlich weniger plausibel wäre, wenn es nicht um ihr *Land* ginge. Wie dem auch sei, im Rahmen der politischen Spielregeln der Zeit war dies durchaus eine kontrollierte und zweckorientierte Emotion, um den König zu unterstützen. Gunther weist mit dieser Rückendeckung denn auch sogleich den Herausforderer sehr bestimmt und keineswegs vor dem Kampf zurückweichend auf die Legitimität seines Hauses (112,2) und dessen Verständnis von *riterschaft* (‹Rittertum› ‹Rittersein›, ‹Ritterkampf›) hin – *wir liezen übele schînen, daz wir ouch pflegen riterschaft* (‹wir bewiesen schlecht, dass auch wir uns auf ritterliches Handeln verstehen›, 112,4). So ehrt er zwar im *ouch* sein Gegenüber durch Gleichstellung, man mag auch einen tadelnden, gar ironischen Unterton mithören können; zugleich weist er jedoch darauf hin, dass der burgundische Begriff von *riterschaft* die Usurpation eines Landes ausschließt.

Siegfried verdichtet nach dieser für ihn nicht gerade schmeichelhaften Klarstellung das Thema der Ebenbürtigkeit durch die singulare Anrede, wie sie Könige untereinander gebrauchen, und er stellt sein Erbe beziehungsweise sein Land mit dem Gunthers auf *eine* Ebene – *Dîn erbe [*C: lant] und ouch daz mîne sulen gelîche ligen* (‹Dein Erbe [*C: Land] und meines sollen gleich gelagert sein›, 114,1).

Jetzt, eine kommunikationsstrategisch äußerst bemerkenswerte Wendung, zieht sich Gunther aus dem Dialog zurück, wodurch seine Position unantastbar geworden ist. Er geht also auf die symmetrische Anrede nicht ein, und er überlässt seinem Bruder Gernot das Wort, der dadurch quasi als Vermittler etabliert wird. Dieser untermauert die Argumentation des Königs und fügt zugleich den Friedenswillen Burgunds hinzu; man sei mächtig genug und habe nicht die Absicht, Länder durch Blutvergießen zu erobern. Erneut verleihen die *vriunde* mit einer grimmigen Drohgebärde den burgundischen Worten Nachdruck (116,1); sie binden damit wortlos Gunther in ihren Schutz ein.

Im Zentrum, auf dem dramatischen Höhepunkt der 22 Strophen umfassenden Szene, wendet sich Ortwin, als Truchsess

quasi der Sprecher der Amtsträger am Hof (s. S. 23), an Gernot.
Das Protokoll verbietet ihm, sich an den Gast selbst, der im Rang
höher steht, zu wenden. Ortwin weist eine *suone* (‹Versöhnung›,
116,3) aus rechtlichen Gründen zurück – *iu hât der starke Sîvrit
unverdienet widerseit* (‹der mächtige Siegfried hat Euch die
Fehde unbegründet angesagt›, 116,4). Eine ordnungsgemäß an-
gekündigte Fehde würde, so wissen wir, nach dem Herkommen
der Zeit Verhandlungen zwischen den Parteien voraussetzen,
und der Herausforderer hätte seine Ansprüche detailliert zu begründen und zu erklären. Der Truchsess kann also die «unrechte
Fehde», wie der Fachbegriff heißt, nur als ein *starkes über-
müeten* (117,4) einstufen, dem er, wie er nun verkündet, gerne
selbst Einhalt gebieten würde. Dies liefe dem Rangbeweis des
Gastes entgegen, der deshalb erbost und provozierend den
Rangabstand zwischen sich und Ortwin herausstellt: Als *künec
rîche* sei es unter seiner Würde, mit eines *küneges man* (‹Vasall
des Königs›, 118,3) zu kämpfen; zwölf seinesgleichen könnten
ihn nicht besiegen. Ortwin ruft nach den Schwertern.

Der bisherige Verlauf des Streitgesprächs erinnert – nicht im
Sinne einer konkreten Nachahmung des Streits – an das Verhalten Ottos von Wittelsbach auf dem Reichstag zu Besançon
(Burgund, Oktober 1157), als sich der Disput zwischen Friedrich I. Barbarossa und den päpstlichen Legaten über den Begriff des *beneficium* (‹Wohltat› oder ‹Lehen›; vgl. S. 31) derart
entzündet hatte, dass Otto mit gezücktem Schwert auf diese los-
gehen wollte, durch das Eingreifen des Kaisers jedoch daran ge-
hindert wurde. Es war ein scheinbar unkontrolliertes Handeln,
das sehr zweckgebunden eingesetzt wurde (Althoff 1997,
S. 272). So können wir auch Truchsess Ortwin nicht einen «un-
bedachten Heißsporn» (Nibelungenlied 1988, S. 25) schelten.
Sein Ruf nach den Schwertern chiffriert die Kampfbereitschaft
des Hofes für den König und sein Land und ermöglicht Gernot,
die Mediation fortzuführen.

Gernot beabsichtigt, das auf der Wortebene ausgetragene
Kräftemessen *mit zühten* zu beenden, d. h. im Rahmen der Hofzucht (die in allen höfischen Gesellschaften gilt und nicht zwingend mit der besonderen ritterlich-höfischen *zuht* identisch ist).

Man wolle doch Siegfried *ze friwende* (120,4) haben, wirft er, auf Hagens *holden hân* anspielend, ein.

Hagen jedoch konterkariert den Versuch der Deeskalation und verdichtet nochmals die Drohkulisse. Dieser Akt verdankt sich nun sicherlich weniger dem stringenten Erzählverlauf als dem Wunsch des Epikers, den späteren Mörder innerhalb der Hofgesellschaft zu profilieren und mit seinem Opfer zu konfrontieren. Seine Herren, so Hagen zu Gunther, hätten Siegfried keinen Grund gegeben, *durch strîten* (121,3) an den Rhein zu kommen. Der Prinz reagiert auffällig anders als gegenüber Ortwin: er bleibt gelassen, er verwendet kein abwertendes Du, sondern den höflichen Plural und die Anrede Herr, er kehrt nicht den Rangunterschied heraus – *müet iuch daz, her Hagene, daz ich gesprochen hân* (‹bekümmert Euch das, Herr Hagen, was ich gesagt habe›, 122,2). Siegfried handelt sprachlich äußerst bewusst, und wir müssen die Anreden im NIBELUNGENLIED sehr sensibel lesen; wir wissen, dass im Mittelhochdeutschen ein *du* nicht immer dem anderen gleicht, so wenig wie ein *ir* dem anderen (s. EHRISMANN 1995, S. 55 ff.).

Siegfried droht auch Hagen gegenüber – *[...] daz die hende mîn / wellent vil gewaltec hie zen Burgonden sîn* (‹dass ich hier in Burgund die Herrschaft ausüben will›, 122,3 f.). Doch er setzt ein unüberhörbares deeskalierendes Signal und erklärt sich bereit, mit dem Vasallen zu kämpfen. Das Thema der Ebenbürtigkeit ist damit verlassen, der Ball den Burgunden zurückgespielt. Hagen schweigt beredt, Siegfried denkt an Kriemhild, und Gernot verbietet den burgundischen Lehnsträgern jegliches verbales Schaugehabe – *reden mit übermüete*. Der Erzähler bildet die Annäherung der Streitenden formal dadurch ab, dass er sie in einer Strophe (123) gemeinsam auftreten lässt.

Der Vermittler akzentuiert, klugerweise ohne konkreter zu werden, die Nachteile eines Kampfes: Viele würden sterben, den Burgunden brächte dies keine Ehre und Siegfried trüge keinen Nutzen davon. Dieser stellt die – für uns schwer zu deutende, weil in der Sequenz nicht stringente – Frage, warum denn die burgundischen Lehnsleute nicht kämpfen wollten. Sein altes Ziel hat er jedenfalls endgültig *ad acta* gelegt.

Die Begegnung, die wir als eine regelgeleitete Streitsequenz
gelesen haben, gleichsam als einen Ehrentest, endet so formel-
haft, wie sie begann. Auf die Willkommens- und Dienstformel
des Vermittlers (126,1) folgt die Gastfreundschaftsformel des
Königs (127) und die Friedensgeste des rituellen Trunkes. Gunthers Position ist nicht beschädigt. Er bietet *vriuntschaft* unter
den Bedingungen der Ehre an:

> *Dô sprach der wirt des landes: «allez daz wir hân,*
> *geruochet irs nâch êren,   daz sî iu undertân,*
> *und sî mit iu geteilet   lîp unde guot.»*

> ‹Da sprach der Landesherr: «Alles, was wir besitzen,
> sei Euch untertan, wenn Ihr es ehrenvoll annehmen wollt,
> und Leben und Gut sei mit Euch geteilt.»› (127,1 ff.)

Siegfried gibt das gereizte Schaugehabe auf. Sein Ziel, am Hof
der Burgunden aufgenommen und anerkannt zu werden, hat er
erreicht. In dem folgenden Krieg gegen die Sachsen und Dänen,
in dem er sich äußerst erfolgreich als Verteidiger des Burgun-
denreiches engagiert und der vielleicht ein Stück Zeitgeschichte
reflektiert (THOMAS 2005), verdichtet er die *vriuntschaft* so
weit, dass ihm nach einem Jahr erlaubt wird, der Prinzessin zu
begegnen (5. Aventüre). Das Jahr ist jene symbolische Zeit, in
der auch der Falke – der Ritter – des ein halbes Jahrhundert
älteren kürenbergischen Liedes ICH ZÔCH MIR EINEN VALKEN
die Minnetauglichkeit erreicht hat. Für Siegfried ist es ein Jahr
der trauernden (136,4) Bewährung in der Liebe – der Epiker
zitiert den Entsagungs-Topos der höfischen Liebe. Auch Kriemhild, die nach ihrem Falkentraum von der Liebe nichts mehr
wissen wollte (s. S. 67), hat Siegfried heimlich beobachtet und
bei den Ritterspielen bewundert (132,4).

Kriemhild und Brünhild
(14. Aventüre)

Das Zerwürfnis der Königinnen – *Âventiure wie die küniginne sich mit einander zerwurfen* überschreibt NIBELUNGENLIED-*C das Ereignis – ist von hoher Emotionalität getragen. Nachhaltiges Leid schaffende Worte gefährdeten nach altem Recht den Frieden und wurden im Mittelalter gewöhnlich schwerer genommen als heute (SCHUBERT 2002, S. 181 f.). Der Ausbruch verbaler, zur Entehrung führender Gewalt hat im NIBELUNGENLIED eine lange Vorgeschichte, die bis zum Kampf auf Isenstein zurückreicht (s. S. 30). Brünhild sieht in Siegfried einen *man* Gunthers (s. S. 31), der dessen Schwester niemals hätte zur Ehe gegeben werden dürfen (vgl. 618). Nach zeitgenössischem Recht schändete Hypergamie die gesamte Dynastie; die Braut musste in den minderen Stand des Mannes treten.

Am Hochzeitsabend hatte Brünhild den *man*-Begriff zu *eigenholt* (‹Leibeigener›) verengt (620,3) und Kriemhild in der Logik dieses Begriffs despektierlich als *wine* (‹Liebchen›, 622,4) Siegfrieds bezeichnet. Obwohl Gunther dem widersprochen und Siegfried als einen reichen und mächtigen König gerühmt hatte, hatte sie ihren *trüeben muot* (‹Betrübnis›, 624,1) behalten und mit der Verweigerung der *copula carnalis*, dem rechtserheblichen Schlussakt einer Eheschließung, gedroht. In der ersten Nacht hatte sie diese Drohung wahr gemacht und Gunther nach kurzem Kampf an die Wand gehängt. Erst in der zweiten Nacht hatte er ihr widerstehen können (s. S. 62).

Auch jetzt, zehn Jahre (715,2) nach diesen Vorgängen – der Epiker hat inzwischen (11. Aventüre) die herrscherliche Autorität Kriemhilds verdichtet –, ist Brünhilds Nachdenken über Siegfried nicht zur Ruhe gekommen. Der Leibeigene, *unser eigen* (724,3) sagt sie, zahle keinen Zins, und seine Frau trage den *lîp* sehr hoch (724,2). Sie gewinnt Gunther für eine Einladung (s. S. 26), und als Kriemhild in Worms eintrifft, erkundigt sie sich sogleich, ob deren *schœner lîp* (771,2) die feine Sitte (*zühte*, 771,3) bewahrt habe, die ihn früher auszeichnete. Es ist eine Frage nach dem Rang, denn im minderen Rang, so weiß man, wären auch *schœne* und *zuht* verblasst.

Es ist der elfte Tag eines bisher unbeschwert verlaufenen Festes, vor dem Abendgottesdienst – vor der Finsternis (813 f.). Zahl und Zeit bezeichnen das Böse; NIBELUNGENLIED-*C personalisiert es durch den Teufel, der Brünhild die rechte Zeit zur Klärung der Rangfrage abwarten lässt (*C 822,1). Die Königinnen schauen ritterlichen Kampfspielen im Hof zu:

> *dô sprach diu schœne Kriemhilt: «ich hân einen man,*
> *daz elliu disiu rîche   ze sînen handen solden stân.»*

> ‹da sagte die schöne Kriemhild: «Ich habe einen Mann –
> alle diese Reiche sollten unter seiner Herrschaft stehen.»›

> (815,3 f.)

Man ist irritiert. Kriemhild war bisher kein Herrschaftsanspruch über Burgund eingeschrieben worden, auf den Wunsch ihres Mannes hin hatte sie auf ihr Erbe verzichtet (694 ff.), und jetzt werden ihr Worte in den Mund gelegt, die an Siegfrieds Fehdeansage (s.S. 44) erinnern. In der PIDREKS SAGA ist es Brynhild, die in der Königshalle die Schwägerin provoziert und einen Rangstreit vom Zaun bricht. Auch SNORRI und die VÖLSUNGA SAGA lassen Brynhild – hier beim Bad im Fluss – beginnen. Übrigens: SAXO (S. 384) erzählt die Geschichte der Brüder Frode und Harald, die der Rangstreit ihrer Frauen verfeindet. Also kein einsames Nibelungenmotiv.

Das NIBELUNGENLIED inszeniert nicht so eindeutig, wie wir es, gerade auch vor dem mythischen Hintergrund, erwarten würden. Stattdessen jedoch durchsetzt es die überkommene Textur der Ehre mit den modernen Farben der Minne, die *sein* Projekt auszeichnen. Denn Kriemhilds Worte wirken zwar auf jemanden, dem ihr Herz verschlossen ist, provozierend, sie müssen aber nicht zwingend der Vorschein subjektiver Streitabsicht sein. Im Gegensatz zu Brünhild verfolgt sie nach ihrer bisherigen Vorgeschichte kein Dialogziel, was sie jedoch bei einer guten epischen Motivation, von der wir in diesem Fall ausgehen wollen, und nach den Regeln der Kommunikationsanalyse tun müsste. Die eigenwillige Inszenierung des Epikers ist raffinierter, als es zunächst scheint. Sie ermöglicht ihm die für Brünhild wichtige Fragestellung, verlangt aber zugleich eine Erklärung für Kriemhilds Worte; dies erlaubt, das Minnethema zu intonieren. Sehen wir es uns genauer an.

Brünhild nutzt Kriemhilds Bemerkung zur Eröffnung der Textsorte Dialog und weist einen Herrschaftsanspruch Siegfrieds zurück. Kriemhild geht darauf nicht ein und vergleicht Siegfried mit dem vor den Sternen strahlenden Mond. Die kosmische Metapher, die wir auch aus anderen Texten kennen und die der Epiker früher schon Kriemhild zugeschrieben hatte (283), gehört zur Rhetorik der *admiratio*, nicht zur Rhetorik der Macht. Brünhild, die den Xantener für *eigen* hält, kann sie jedoch nur als eine durch nichts zu rechtfertigende Rhetorik der *hyperbole* wahrnehmen, als Hybris, die sie mit den Worten, es sei Gunther, der alle Könige überrage, zurückweist.

Erst jetzt kommt Kriemhild in der Wirklichkeit des Gesprächs an und lässt sich auf die Dialogform mit der Bemerkung ein, Siegfried sei Gunther an Rang und Würde gleich. Für Brünhild zu wenig. Deren wachsende Erregung bildet ein auffallend langer und endlastiger Satz mit Strophenenjambement ab: Auf Isenstein habe sich Siegfried selbst als ʿ*sküneges man* (‹Lehnsmann des Königs›, 821,2; vgl. 421,4; 423,1) vorgestellt und deshalb halte sie ihn *für eigen* (821,3). Kriemhild ersucht die Schwägerin irritiert und mit Berufung auf die Verwandtschaft (*vil friuntlîche*, 822,3), so nicht zu reden. Ihre Brüder hätten sie doch nicht zur *wine* eines *eigen mannes* (822,2) degradiert. Der Erzähler legt ihr frühere Worte Brünhilds in den Mund und durchzieht damit seine Textur, wie schon beim kosmischen Bild und dem Gesprächsbeginn, mit einer besonderen, nur von ihm und dem Publikum, nicht von den Handelnden selbst wahrnehmbaren Struktur des Erinnerns. Solche Erinnerungszeichen dienen nicht nur der Vernetzung der Textur, sie sind auch, wenn man so will, «Lesezeichen» und Verständnishilfen. Im aktuellen Fall «deuten» sie auf die große und «weltfremde» Liebe zwischen Kriemhild und Siegfried, die, wie auch die Scheinkommendation (s. S. 31), jenseits aller politischen Vernunft steht und deshalb als *herzeleit* (2372,4) endet.

Brünhild beharrt auf der Einforderung vasallitischer Dienste, woraufhin Kriemhild eine Spirale verbaler Gewalt beginnt – *der dîner übermüete sold' ich von rehte haben rât* (‹auf deine Hybris kann ich wahrhaftig verzichten›, 825,4). Der Zorn der Königinnen steigert sich zu einem unumkehrbaren Zerwürfnis; ein unkontrolliertes Zürnen, das in nichts mit dem Streit zwischen Siegfried und Gunther zu vergleichen ist. Vor dem Münster – man steht ja vor der Abendmesse – soll die Demonstration der Ränge stattfinden. Nun waren *weybisch maulgezenck* und *dringen* vor der Kirche dem mittelalterlichen Publikum gar nicht so fremd (SCHUBERT 2002, S. 180), doch den Ort vor der Kathedrale zu wählen, einem rechtlich wie kultisch in hohem Maße exponierten Schnittpunkt zwischen Sakralraum und zentralem öffentlichen Versammlungsplatz (BÖNNEN 2002, S. 146), verleiht dem Schauspiel das Gewicht des Rechts. Kriemhild möchte zeigen, dass sie *edelvrî* (‹frei und von Adel›, 828,1; *A/*C adelvrî*) ist und dass sie und Siegfried *tiwerr* (‹von höherem Rang›, 828,2; 829,2) sind als jedes andere Königspaar. Sie zitiert hier die Formel *liber et nobilis*, denn auch Unfreie konnten damals dem Adel angehören, und es gab auf der anderen Seite auch eine edelfreie Vasallität.

Das Gewand bildet den Rang ab, und deshalb kleidet sich Kriemhild, in die Beweispflicht gedrängt, mit ihrem Gefolge besonders aufwändig ein. Brünhild weist sie vor dem Dom zurecht: Eine Leibeigene (*eigen diu*, 838,4), sagt sie, dürfe nicht vor der Königin gehen. Kriemhild hält dagegen, der königliche Körper sei geschändet – *wie möhte mannes kebse werden immer küniges wîp?* (‹wie könnte die Konkubine eines Lehnsmannes je die Frau eines Königs werden?›, 839,4). Sie argumentiert vor dem Recht der Zeit, weil sie davon ausgeht, dass Siegfried vor Gunther mit Brünhild geschlafen habe – *den dînen schœnen lîp / den minnet êrste Sîfrit* (‹deinen schönen [noch ungeschändeten] Körper, liebte/beschlief zuerst/als Erster Siegfried›, 840,2 f.). Für den männlichen Adel des Mittelalters waren außereheliche Beziehungen, wenn nicht gerade an der Tagesordnung, so doch üblich (DUBY 1985, S. 254 f.). Die Ehre der Ehefrau wurde dadurch nicht angetastet. Für uns kaum nachvollziehbar, für das Mittelalter – also auch für Kriemhild – etwas, das man unbeschadet des eigenen Rufs öffentlich machen konnte.

Kriemhilds Invektive geht weit über den eigenen Rangbeweis hinaus und richtet sich auf die Rechtmäßigkeit von Brünhilds Königtum – *zwiu lieze du in minnen, sît er dîn eigen ist?* («weshalb ließt du dich von ihm lieben, wenn er dein Eigenmann ist?», 841,2). Eine Königin, die mit einem *eigen man* geschlafen hat, hatte nach Ansicht der Zeit ihre Ehre verloren. Mit ihr waren Hof und Reich geschändet. Kriemhild betritt vor der weinenden Brünhild das Münster (843).

Nach dem Ende der Messe verlangt Brünhild sichtbare Beweise für Kriemhilds Anschuldigungen. Wenn sich Siegfried, droht sie, gerühmt hätte, mit ihr geschlafen zu haben, dann müsse er sterben (845,4). Kriemhild zeigt Ring und Gürtel vor und triumphiert, ironisch mit dem Wort *man* spielend: *jâ wart mîn Sîfrit dîn man* («ja wirklich, mein Siegfried wurde dein Mann», 849,4). Siegfried habe ihr beide Stücke geschenkt, *dô er êrste bî iu lac* («als er zuerst/als Erster mit Euch schlief», 847,3). Sie sagt nicht, mit welchen Worten sie seinerzeit die Geschenke empfangen hatte, die sie aber nach allem, was wir aus Brünhilds Niederlage im Ehebett (s.S. 62) wissen, offenbar höchst kreativ als Sexualzeichen interpretiert. Warum brachte sie sie eigentlich aus Xanten mit? Warum schenkte Siegfried sie ihr? Wenigstens unsere zweite Frage beantwortet der Erzähler, leider nur mit dem Topos der Unwissenheit – *ine weiz, ob er daz tæte durch sînen hôhen muot* («ich weiß nicht, ob er das tat, weil er so in Hochstimmung war», 680,2). Dem Gürtel, den wir als Kraftgürtel kennen gelernt haben (s.S. 29), schreibt der Epiker jetzt ein zweites, ein teuflisches Zeichen ein, denn es ist Seide aus Ninive (850; Moser 2002). Die große Stadt der Assyrer ist eine biblische Chiffre für den Zorn Gottes.

Brünhild, jetzt – weil/damit alle es sehen, vielleicht «nur» strategisch – weinend (850,3 f.), eröffnet umgehend den Gegenzug zur Wiederherstellung ihrer Ehre. Sie lässt Gunther rufen und berichtet ihm von dem Entehrungsversuch seiner Schwester – *von allen mînen êren mich diu swester dîn / gerne wolde scheiden* (853,1). Siegfried wird mit dem Vorwurf der Ehreschändung konfrontiert (857); auf eigenen Wunsch leistet er mit hoch erhobener Hand einen Reinigungseid, den Gunther feierlich bestätigt. Bei dem feierlichen Akt gebraucht er Siegfried gegenüber (ausnahmsweise) die plurale Anrede – *mir ist sô wol bekant / iuwer grôz unschulde, ich wil iuch ledic lân* (‹ich weiß sehr gut, dass Ihr völlig schuldlos seid, ich will Euch freisprechen›, 60,2 f.). Königswort setzt Recht.

Siegfried hat den enormen politischen Schaden, den seine Frau angerichtet hat, sofort erkannt – *si hât betrüebet den Prünhilde lîp* (861,2). Die Ehre Brünhilds ist «trübe» geworden. Er schämt sich für Kriemhilds *grôze ungefüege* (862,4), für ihr aus den Fugen geratenes Verhalten. Als ihr Munt-Herr trägt er die Verantwortung, und er wird deshalb auch von dem ihm zustehenden Züchtigungsrecht, das eine Züchtigungspflicht ist (DUBY 1985, S. 154), Gebrauch machen (894). Das frauenfeindliche Sprichwort rechtfertigt ihn: *Man sol sô vrouwen ziehen, [...] daz si üppeclîche sprüche lâzen under wegen* (‹Man soll Frauen so führen, dass sie leichtfertige Reden unterlassen.›, 862,1 f.).

Rüdiger und Kriemhild
(37. Aventüre)

Wieder reichen die Fäden weit in die Vergangenheit zurück. Etzels Markgraf ist in ein Netz widerstreitender rechtserheblicher Bindungen verwickelt. Die Brautwerbung für seinen König war nur deshalb erfolgreich gewesen, weil er Kriemhild geschworen hatte, ihr mit allen seinen Männern stets treu zu dienen (1255 ff.; s.S. 73). Mit der Verheiratung seiner Tochter, mit Gastung, Gabe und Geleit hatte er die *vriuntschaft* mit den Burgunden gefestigt (s.S. 40 f.), und Etzel ist sein Herr.

Jetzt, während der Kämpfe am Hunnenhof, als nur noch er und Dietrich als große Kämpfer mit ihren Heeren zur Verfügung stehen, bittet ihn Kriemhild um Hilfe. Sie fordert seinen alten Eid ein, doch er weist sie zurück und zitiert die Rechtsformel für das Leben, *sêle unde lîp – corpus et anima* (2166,1; SPLETT 1968, S. 80 f.). Ehre und Leben (*êre unde ouch den lîp*, 2150,2) für sie einzusetzen, habe er geschworen, nicht aber die

Seele zu verlieren – *daz ich die sêle vliese, des enhân ich nicht gesworn* (2150,3). Er habe, argumentiert er, die Fürsten zu einem Fest geleitet – *zuo dirre hôchgezîte* (2150,4). Schwingt in seinen Worten bittere Ironie über dieses «Fest» mit? Weist er die Königin auf ihre Verantwortung für das «Fest» hin, gegen die er die «höhere» Verantwortlichkeit vor Gott setzt?

Große, kaum befriedigend zu deutende Worte. Kriemhild mag sie nicht akzeptieren. Sie beharrt auf dem Hilfeleistungseid (2151), vollzieht jedoch darüber hinaus zusammen mit Etzel einen dramatischen Akt von hoher Zeichenhaftigkeit. Das Königspaar kniet vor Rüdiger nieder und kehrt auf diese Weise symbolisch den vasallitischen Vertrag um (2152,2; ALTHOFF 1999/2, S. 68 f.). Als historisches Vorbild bietet sich BARBAROSSAS Kniefall in Chiavenna vor HEINRICH DEM LÖWEN 1176 an. Damit ist Rüdiger der *muot*, der eigene Wille, genommen – *den edelen marcgrâven unmuotes man dô sach* (2152,3). Von *êre*, *triuwe* und *zuht*, so klagt er, müsse er sich trennen (2153); es sind die Tugenden, die den Ritter leiten, ohne die der Ritter *nichts* ist. Deshalb wünscht er sich den Tod – *owê got von himele, daz michs niht wendet der tôt!* (‹ach, Gott im Himmel, warum bringt mir der Tod keine Wende!›, 2153,4).

Er will auf sein Lehen verzichten (2157), doch Etzel lehnt ab, schlägt im Gegenteil eine Verdichtung der vasallitischen Bindung durch *gâbe* vor. Dies war eine zeitgemäße Strategie, die zu einer guten Verhandlung gehörte. Rüdiger verzögert, führt die bindende Kraft von Bewirtung, Gabe und *vriuntschaft* ins Feld (2159–61). Der Epiker greift hier zum dramatischen Effekt der Retardation, die den Höhepunkt des Konflikts einleitet. Kriemhild verlässt die rechtliche Ebene und bittet um *erbermde* (‹Barmherzigkeit›) – *nu lâ dich erbarmen unser beider sêr* (‹nun erbarme dich über unser beider Schmerz›, 2162,2). Diesem Appell an die Ritterlichkeit kann sich der *guote* Rüdiger, wie er öfters genannt wird, nicht mehr entziehen. Er legt die Wohltaten, die ihm das Königspaar bisher gewährt hat, mit auf die Waagschale und entscheidet sich zu helfen, wohl wissend, dass er sterben wird. So zieht er mit seinen 500 Kriegern zur Halle der Nibelungen. Der Epiker lässt das Bild des Auserwählten aufschei-

nen und stellt ihm zwölf besondere Heroen zur Seite (2169).
Einen Auserwählten erwartet ein früher Tod. Dieses Wissen sollten wir assoziieren, nichts anderes.

Der alte *vriunt* der Burgunden löst über die Aufkündigung
der *triuwe* die Rechtsbindungen, die die Nibelungen vergeblich
einfordern. Hagen hält ihn auf und bittet, ausnahmsweise im
vertrauten Du, um seinen Schild; der eigene (s.S. 41) sei zerschlagen. Ein Hilfeersuchen des *vriundes* darf nicht zurück-
gewiesen werden. Rüdiger nimmt die angebotene Anrede auf:

> *Vil gerne ich dir wære guot   mit mînem schilde,*
> *torst' ich dir in bieten   vor Kriemhilde.*
> *doch nim du in hin, Hagene,   unt trag' in an der hant.*
> *hey soldest du in füeren heim   in der Burgonden lant!*

> ‹Sehr gerne wäre ich dir mit meinem Schild behilflich,
> könnte ich es wagen, ihn dir vor Kriemhild darzureichen.
> Nimm du ihn trotzdem, Hagen, und trage ihn in der Hand.
> Ach, könntest du ihn (doch) nach Hause in das Land
>   der Burgunden bringen!› (2196)

Das Wort *guot*, das neben ‹behilflich› und ‹nützlich› auch
‹freundlich› oder ‹gnädig› bedeuten kann, zielt nicht nur auf die
Hilfeleistung, sondern auch auf die Friedenssicherung, die durch
eine Überreichung der Gabe im Angesicht der Königin erreicht
werden würde. Hagens Bitte hatte ja auch die friedensstiftende
Funktion der *gâbe* ins Spiel gebracht. Da der Friede aber nicht
möglich ist, überreicht Rüdiger den Schild vor den Kriegern und
schließt dadurch gleichsam mit Hagen, der dies auch akzeptiert
(2201), einen Nichtangriffspakt, der zugleich eine indirekte
resignative Kampfansage an die Nibelungen enthält. Rüdiger
fällt – gleichsam im Rang erhoben – im Kampf mit Gernot. Die
Nibelungen beweinen den Tod des ehemaligen Freundes, und als
Volker den Leichnam vor die Tür tragen lässt, weint auch das
Herrscherpaar der Hunnen.

Der Epiker rühmt Rüdiger als *vater aller tugende* (2202,4).
Das Amt hat ihn verpflichtet, (aus Gründen der Erfolgspflicht
bei der Werbung und der Gastfreundschaft) verschiedene rechts-

erhebliche Bindungen einzugehen, die sich später als konfliktuös erweisen sollten. So kommt in ihm – wie im NIBELUNGENLIED überhaupt – das komplexe vormoderne Rechtssystem in seiner Fragwürdigkeit zu sich selbst.

VII. Ehre, Recht und Herrschaft –
Charaktere

Das NIBELUNGENLIED erzählt von den ruhmreichen Helden der Vergangenheit, von großen «Charakteren» – den Begriff dramaturgisch (nicht psychologisch) verstanden als je einmalige Charakterzeichnungen von Personen. Der Epiker lässt sie unter dem Schirm des adligen Lebens spannungsreich, wie es seine Pflicht ist, aufeinandertreffen, Ehre und Recht sowie die Kraft, sich im rauen Wind des Feudalstaates zu behaupten, herrschaftsfähig zu sein, sind ihre leitenden Handlungsprinzipien. Hagen und Gunther, Siegfried und Kriemhild wollen wir uns näher anschauen, um an ihnen historisches Handeln hautnah zu erleben.

Hagen – Die Ehre des Reiches

Rüdigers Tochter hätte Hagen lieber nicht begrüßt, denn *er dûhte si sô vorhtlîch* (‹er schien ihr so Furcht erregend›, 1665,4). Neugierig und respektvoll betrachtet man am Hof Etzels den, der *Sîfriden sluoc* (1733,2). Der Held ist gut gewachsen, langbeinig, breit zur Brust und grauhaarig. Das Gesicht allerdings erregt Schrecken (*eislîch sîn gesihene*, 1734,4) – wahrscheinlich eine Anspielung auf das fehlende Auge; davon erzählen WALTHARIUS und PIÐREKS SAGA. Niemanden zeichnet das Epos so scharf wie ihn, der dessen *pathos* verkörpert.

Wir kennen den Kronvasallen als Berater des Königs bei Siegfrieds Einritt in Worms (s. S. 23, 43 ff.). Neben dem König hat er die gewichtigste Stimme im *consilium familiare*, sein Ziel ist es, den Fremden für die Ehre des Reiches zu gewinnen, die ihm über alles geht. An ihr richtet er sein Denken und Tun aus. Wahrung und Mehrung der Ehre des Reiches war in der feudalen, stets gewaltbereiten und bedrohten Gesellschaft kein Selbstzweck, sondern notwendig, um zu überleben. Die Wahrung des

honor imperii dokumentiert das NIBELUNGENLIED im Krieg gegen die Dänen und Sachsen, die Mehrung in der «Eroberung»
Brünhilds, der Einnahme Islands, nach der es *Gunther den*
rîchen (467,3; s. S. 62) pathetisch feiert.

Ein Ziel zu verfolgen heißt nicht, einen Plan zu haben, sondern günstige Situationen zu nutzen. Deshalb unterstützt Hagen
ohne Zögern Gunthers Wunsch, die mächtige Königin von
Island zur Frau zu nehmen. Sofort aber schwächt er ihre Macht
(*A 485, *B 516), indem er mit seinem Bruder Dankward ihren
Schatz vergeudet. Siegfrieds leichtfertigem Umgang mit dem
Wort *man* (s. S. 31) gibt er eine grelle Farbe, als er sich weigert,
die Botschaft der erfolgreichen Werbung nach Worms zu über-
bringen, und den Königssohn als Boten vorschlägt, ihm damit
das Amt eines Lehnsmannes zuträgt. Auf der Rückfahrt an den
Rhein wacht Hagen über die Ehre der Frauen, auch über die
von Gunther bedrängte Königin; diskret erfahren wir vom Be-
schützen des Gewandes (531,3). Der königliche Körper ist für
den rechtmäßigen Vollzug der Ehe zu bewahren.

Hagens große Zeit beginnt nach dem Zerwürfnis der Königinnen. Um die Ehre der Königin, des Reiches, die/das Kriemhild trübe gemacht hat (s. S. 54), wieder herzustellen, betreibt er
die Ermordung Siegfrieds. Er bringt den zögernden König
(s. S. 63) mit dem Argument der Herrschaftssteigerung auf seine
Seite, wenn er meint: *ob Sîfrit niht enlebte, so wurde im under-*
tân / vil der künege lande («wenn Siegfried nicht mehr lebte,
dann würden ihm viele Reiche untertan», 870,3 f.). Wir können
im Hinblick auf die Zwänge des Feudalstaates solche Worte
nicht moralisierend werten als einen Ausdruck von Macht- und
Besitzgier. Dann blieben wir auf dem Niveau vergleichender
Quellenforschung stehen. Die Neujustierung des Nibelungenprojekts um 1200 zeichnet sich aber gerade dadurch aus, dass
sie die Aktionen der Individuen politisch begründet.

Zur Kunst, sich in dem Personenverbandsstaat des Mittelalters durchzusetzen, zählen auch Schlauheit und List (ALT-
HOFF 1988, S. 16). Abgerechnet wird nach Erfolg und Misser-
folg, nicht nach der Moral. List ist Weisheit (SAXO, S. 190). So
ist es wohl nur nach unseren Begriffen besonders verwerflich,

wenn Hagen den Krieg in eine Jagd umwidmet, wenn er Kriemhilds «Gabe», die Preisgabe von Siegfrieds Verwundbarkeit
(15. Aventüre), nicht im Sinne der Gegengabe, des Schutzes,
sondern für den Mord zur Ehre des Reiches nutzt (s. S. 67 f.):

> *ez hât nu allez ende   unser sorge unt unser leit.*
> *wir vinden ir vil wênic,   die getürren uns bestân.*
> *wol mich, deich sîner hêrschaft   hân ze râte getân.*

> ‹Nun hat alles ein Ende, unsere Sorge und unser Leid.
> Wir finden nun niemanden mehr, der wagte,
>   uns zu bekriegen.
> Wohl mir, dass ich seine Herrschaft beendet habe.›

> (993,2 ff.)

Hagen, poetisch auf Hybris konzipiert, setzt sich nicht nur mit
aller Kraft für Wiederherstellung und Mehrung der Reichsehre
ein, er hat auch ein scharfes Auge für deren Gefährdung. Deshalb verhindert er Kriemhilds Rache (s. S. 72 ff.), wo immer er
kann. Für den Mörder Siegfrieds fällt hier die Wahrung der
Reichsehre mit der Sicherung der eigenen Person zusammen.
Gegen den erklärten Willen der Könige (1131 ff.) versenkt er
den Hort, die Morgengabe Kriemhilds (s. S. 72), mit deren Hilfe
sie ihre Rechtssuche betreibt, im Rhein (1137). Die Fürsten zürnen, wenn sie auch geschworen haben, das Versteck des Hortes
niemandem zu verraten, solange einer von ihnen lebt (1140);
Giselher hätte Hagen gar getötet, wenn er nicht mit ihm verwandt gewesen wäre (1133,3). Der Lehnsmann verlässt für einige Zeit den Hof. Für ein aufmerksames Publikum ist dies ein
untrügliches Zeichen dafür, dass er die Huld des Herrschers verloren hat. An dieser Nahtstelle des Epos übrigens, zwischen seinem ersten und zweiten Teil (19. Aventüre), erfüllt der Dichter
nicht unsere Vorstellung von einer stringenten Erzählung. Man
könnte meinen, er arbeite zur Vorbereitung von Kriemhilds Rache etwas flüchtig einen Zettelkasten ab (s. auch S. 71).

Hagen, der Kriemhild jede Möglichkeit verwehren möchte,
eine sichere Basis für ihre Rache aufzubauen, kann nicht verhindern, dass die Könige Etzels Werbung akzeptieren. Auch im

consilium über dessen Einladung nach Etzelnburg findet er nicht die Unterstützung der Könige (s. S. 65), er überzeugt sie jedoch, in Waffen aufzubrechen. Er, nicht der König, führt das Heer (s. S. 37 ff.), und am Hunnenhof scheitert Kriemhilds Rache an ihm, der hier den barbarischen Furor verkörpert (s. S. 39, 74 ff.).

Gunther – Der verkannte König

Gunther gilt bis in den BROCKHAUS hinein gemeinhin als eine Fehlbesetzung auf dem Thron Burgunds. Gerne vergleicht man ihn in dieser Hinsicht mit König Philipp von Schwaben (s. S. 23), der freilich auch nicht jener schwache Regent war, zu dem ihn die Historiker lange Zeit abstempelten (CSENDES 2003). Der König des Mittelalters «war kein unumschränkter Herrscher, er musste sich die Zustimmung von Familien und Einzelpersonen immer wieder neu erarbeiten und erkaufen, sei es durch die Anerkennung von Herrschaftsrechten oder -ansprüchen. Macht war folglich kein homogener Block, auch am Hofe nicht.» (ALTHOFF 2003, S. XII f.; s. auch BLOCH 1982, S. 491) Der König handelte in einem Netzwerk von *consuetudines* (‹Gewohnheiten›), unter den Königen waren «Rang und Ehre alles und waren Geld und Gut nur Mittel zum Zweck» (s. GÖRICH 2001, S. 377). Schauen wir uns also Gunther mit historisch geschultem Blick an.

Das NIBELUNGENLIED zeigt den König erstmals bei Siegfrieds Einritt in Worms in Aktion (s. S. 44). Er berät sich im Kreis des *colloquium familiare* und folgt dem wohl begründeten Rat Hagens. Durch die oberste Stufe des Grußrituals ehrt er den Prinzen, verlässt den Palast, um ihm entgegenzugehen (102). Markgraf Rüdiger wird er später erst in der Königshalle empfangen (1186), die Boten Etzels offenbar sogar sitzend (1439). In der Konfrontation mit Siegfried gelingt es ihm zusammen mit seinen Lehnsleuten, die Ehre des Reiches zu wahren und durch die Aufnahme des berühmten Gastes zu mehren.

Der Krieg gegen die Dänen und Sachsen (4. Aventüre) ist der Profilierung Siegfrieds gewidmet. Dafür nimmt der Epiker eine leichte Eintrübung des königlichen Körpers in Kauf, doch der

Sieg, erreicht durch die Indienstnahme des großen Nibelungen-
bezwingers, kommt dem Ruhm des Reiches zugute. Gunther ist
nicht an Siegfried zu messen; auch nicht an Brünhild. Diese beiden «phantastischen» Figuren sind durch magische Kräfte über
die Norm des Menschlichen hinausgehoben. Wenn Gunther um
Brünhild, die stärkste/mächtigste aller Königinnen, «kämpft»,
so ist dies zwar moralisch ein Zeichen von Hybris, politisch jedoch ein Zeichen seiner Herrschaftskompetenz. Dabei setzt er
die größte *gâbe* (333,2), die er zu vergeben hat, seine Schwester
Kriemhild, gut überlegt ein (vgl. S. 40), hat er sie doch nicht
gleich nach dem Krieg mit den Feinden im Norden verschenkt.
Er kann sich durchsetzen, ist auch bereit, für seinen Plan das Leben zu wagen (329); leichtfertig jedoch geht er nicht vor. Bei seiner Werbung führt der Epiker, dies ist er seinem Publikum
schuldig, literarisch erprobtes Minnegebaren mit den politischen Zwängen des Feudalstaates zusammen. Der König des
Mittelalters ist «in gefährlicher Weise vom Glanz und Ansehen
des Abenteuers abhängig» (BLOCH 1982, S. 508). Gunthers
Abenteuer auf Island mehrt die Ehre des Reiches und das NIBE-
LUNGENLIED feiert ihn als *Gunther den rîchen* (s. S. 59).

Die beiden mit List (s. S. 59) eingefädelten Ehenächte Gunthers
(s. S. 49) bilden die politische «Eroberung» der Königin auf der
erotischen Ebene ab. Brünhilds Kraftgürtel (s. S. 29) wird jetzt
durch den Raub der Seide von Ninive (s. S. 53) durch Siegfried
auch als ein Symbol der Virginität lesbar. Der Raub des (zuvor
nicht erwähnten) Rings stützt diese Umwidmung der Symbolik
nach dem biblischen Erzählmodell des doppelt Ki-tov – doppelt
hält besser. Wir lesen den «Geschlechterkampf» gerne als eine
Burleske. Er ist in dieser Form konzipiert, erhebt doch der Erzähler die Schlacht im Ehebett zu einem dramatischen Kampf gegen den Hochmut der Frauen (673,3). Er punktet auf dem von
vielen Zeitgenossen liebevoll beackerten Feld der Misogynie. «Er
aber wird über dich herrschen» (GENESIS 3,16), sprach Gott zu
Eva; *der man sol der frouwen meister sîn und ir herscher*, predigte
Berthold von Regensburg (SCHUBERT 2002, S. 229); *du kanst
vrouwen meister sîn* (‹du kannst Herr über die Frau(en) sein›,
678,4), freut sich die ihrer Virginität nicht mehr nur symbolisch

beraubte Brünhild bei Gunther. Wenn das Nibelungenlied Brünhilds Verlust der *kraft* Gunthers *minne* zuschreibt (681,4), dann gibt es einer volkstümlichen Männerfantasie mit magisch-archaischem Hintergrund (Rinn 1996, S. 255 ff.) nach, war Brünhild doch schon «geschwächt» und wehrlos als sich Gunther zu ihr legte.

Dem Vorschlag, Siegfried zu töten, folgt Gunther erst nach plausiblen Gründen. Siegfried hatte durch seinen Reinigungseid (s. S. 54) die Ehre des Königshauses wieder hergestellt, doch seither trägt die Königin ihr Leid so öffentlich zur Schau, dass es Gunthers Lehnsmänner erbarmt (863,3). Die Freunde Kriemhilds hatten ihre Königin nach dem Zerwürfnis mit Sport und Spiel vom Münster zum Palast begleitet. Gunthers Leute hatten dies als Provokation wahrgenommen und waren empört gewesen (871,4). In Brünhilds Beisein findet ein *consilium* statt, das über die Wiederherstellung ihrer Ehre durch die Tötung Siegfrieds befindet (863 ff.). Wie der gesamte Hof, so ist jedoch auch der Rat gespalten, und namentlich Giselher spielt das Zerwürfnis der Königinnen herunter und spricht sich gegen die Tötung aus.

Hagen insistiert auf der Ehre des Hofes – *suln wir gouche ziehen? [...] des habent lützel êre sô guote degene* (‹Sollen wir Kuckucke aufziehen? [...] Das ehrt so edle Männer gar nicht›, 867,1 f.). Der Kuckuck ist zwar ein nützlicher Raupenfresser, jedoch auch ein Brutparasit. Er legt seine Eier in fremde Nester, und der Jungvogel wirft die Jungen des Wirtsvogels aus dem Nest. Siegfried, so entnehmen wir Hagens viel sagendem Bild, gefährdet das Reich, indem er sich dort zum Herrn erhebt. Der Vorwurf ist objektiv unbegründet, der Erzähler hat jedoch offen gelassen, was die weinende Brünhild Hagen, der das Zerwürfnis selbst nicht miterlebt hatte, unmittelbar vor dem *consilium* erzählt hat – *dô sagte si im diu mære* (‹sie berichtete es ihm›, 864,2). Es ist auffällig, dass Hagen auf Siegfrieds Eid nicht eingeht, sondern bei Kriemhilds Version bleibt – *daz er sich hât gerüemet der lieben vrouwen mîn, / dar umbe wil ich sterben, ez engê im an daz leben sîn* (‹dass er [Siegfried] sich gerühmt hat, meine geliebte Herrin «besessen» zu haben, dafür will ich sterben – es sei denn, es geht ihm ans Leben›, 867,3 f.).

Wir können Hagen nicht unterstellen, dass er die Lage mutwillig verschärft. Dadurch dass er sein Leben gegen das Siegfrieds setzt, verleiht er seinen Worten allerdings eine große Nachhaltigkeit, der sich der König kaum entziehen kann. Gunther widerspricht dennoch und meint, Siegfried habe ihnen stets freiwillig treu zur Seite gestanden (868,4). Das königliche Votum setzt den Tötungsplänen ein vorläufiges Ende.

Hagen verfolgt sein Ziel weiter und erprobt das Argument der Machtsteigerung (s. S. 59), dem sich der König, zwischen den Parteien stehend, schwerer widersetzen kann. Er trauert (870,4), beharrt jedoch weiterhin auf einer friedlichen Lösung (872,1 f.). Siegfried zu töten, so hält er Hagen vor, würde ohnehin niemand wagen. Durch diese Bemerkung – eine raffinierte Dialogführung des Epikers – kann sich der Lehnsmann, der noch einmal geschickt Brünhilds Tränen, die Zeichen für das entehrte Reich, ins Spiel bringt, selbst als Regisseur eines Mordes profilieren – *ich getrûwez heinlîche alsô wol an getragen* (‹ich traue mir zu, es heimlich gut einzufädeln›, 873,1).

Seine List überzeugt den König, der nun dem Vasallen folgt (s. S. 59). Der Epiker kommentiert nicht eindeutig: *der künec gevolgete übele Hagenen, sînem man* (‹der König tat sich schwer damit, seinem Lehnsmann Hagen zu folgen›; oder: ‹[...] war böse, weil er [...] folgte›, 876,1). Er hat Gunther nach gutem epischen Brauch in ein Dilemma manövriert. Weder konnte dieser die Argumente «Machtsteigerung» und «Tränen der Königin» in den Wind schlagen noch konnte er das Prestige des obersten Ratgebers und seiner Anhänger durch Zurückweisung verletzen. Jedwede Form der Zurücksetzung hätten die Betroffenen als Beleidigung empfunden und entsprechend beantwortet (vgl. ALTHOFF 1988, S. 24). Deshalb verhandelt er heimlich mit seinen Vertrauten – *der künic mit sînen vriunden rûnende gie* (882,1). Jetzt setzt sich Hagen durch. Indem er die Tat selbst ausführt, beschädigt er zwar die Ehre seines Königs nicht (s. S. 60), setzt aber eine tödliche Spirale der Gewalt in Gang. Gunther ist rechtssymbolisch dadurch entlastet, dass er den Mord selbst nicht sieht (s. S. 68).

Der Ruf der Königsfamilie bleibt unangetastet (1148). Die Werbung des großen Etzel festigt auch die Ehre Burgunds. Bei der Zustimmung zur neuen Ehe der Schwester konnte Gunther davon ausgehen, dass er mit Etzel nie in Berührung kommen würde (1206). Die spätere Einladung nach Etzelnburg macht dies hinfällig und Hagen versäumt nicht, auf diese Fehleinschätzung hinzuweisen (1458,4). Dennoch muss Gunther einen Konflikt mit Etzel vermeiden (s. S. 36, 60 f.) und dessen Wünschen folgen, zumal der Hunnenkönig irritiert ist, dass die Burgunden seinem Land so lange fernbleiben (1448 f.).

Jetzt tritt Gunther in den Schatten Hagens. Er zeigt sich zwar als großer Kämpfer, der bis zum Schluss das todbringende Schwert führt und erst von Dietrich gefesselt werden kann (s. S. 76) – im Epos eine neue Seite an ihm; er beweist auch noch im weit fortgeschrittenen Kampf seinen Friedenswillen, und dies nicht aus Angst um sein Leben (2087 ff.). Seine Treuepflicht dem Lehnsmann gegenüber ist unerschütterlich, und er liefert ihn der Schwester, die nur an ihm ihre Rache vollziehen will, nicht aus – *doch wolden nie gescheiden die fürsten und ir man* (‹doch die Fürsten wollten sich niemals von ihrem/ihren Vasallen trennen›, 2110,3). Doch ein konsistentes königliches Profil gelingt dem Nibelungenlied durch diese Fokussierung auf Hagen, die notwendig zur Verschattung des Königs führt, nicht – was freilich nichts mit der vielfach vermuteten «Schwäche» des Königs zu tun hat.

Siegfried – Die Gewalt der Liebe

Siegfried hat sich nach seiner Schwertleite (s. S. 24, 26) als guter Kämpfer in dem verbalen Gefecht nach seinem Einritt in Worms gezeigt (s. S. 43 ff.). Die Burgunden haben ihn als *vriunt* akzeptiert, und der Krieg gegen die Sachsen und Dänen verdichtet diese Akzeptanz. Den späteren König in Niederland fürchten seine Untertanen (714) – so musste es im Mittelalter sein. Das Nibelungenlied um 1200 richtet sein Augenmerk jedoch weniger auf den politischen als auf den liebenden Siegfried.

In Xanten schon die Fernliebe. Ein hübsches «höfisches» Minnethema, jedoch auch schon eddisch; hier sind es Hilda und

Hedin, die Hilde und Hetel in der Kudrunsage (s. Saxo, S. 293).

Lange muss Siegfried auf der romantisch-höfischen Werbungsebene verharren, denn nur allmählich führen die Könige Kriemhild, ihr kostbares Gut, an den verliebten Ritter heran (s. S. 48, 61 f.). Die erste Begegnung verläuft zwar hoffnungsvoll, doch erst als Siegfried den Gewohnheiten der Zeit folgt und im rechten Augenblick einen politisch motivierten Gabentausch eingeht, gewährt ihm Gunther die Ehe – *gîstu mir dîne swester, sô wil ich ez tuon* (‹Gibst du [Gunther] mir deine Schwester, dann will ich es tun [nämlich dir helfen, Brünhild zu erobern]›, 333,2). Um der Liebe willen verleugnet er, wenn auch nur zum Schein, auf Gunthers Werbungsfahrt seinen Rang (s. S. 31), gibt sich als Lehnsmann aus:

> *Jane lob' ichz niht sô verre   durch die liebe dîn*
> *sô durch dîne swester,   daz scœne magedîn.*
> *diu ist mir sam mîn sêle   und sô mîn selbes lîp.*

‹Allerdings, ich gebe mein Versprechen [mich als Lehnsmann auszugeben] nicht so sehr wegen der Zuneigung zu dir als wegen der Liebe zu deiner Schwester, der schönen Jungfrau.
Sie ist mir wie meine Seele und wie mein eigenes Leben.›

(388)

Dieses Spiel mit Rang und Ehre, mit der Ordnung der Gesellschaft, führt zum Zerwürfnis der Königinnen und zu seinem eigenen Tod. Hier liegt die *metabolē*, die zu einer guten Erzählung gehört, jener Umschlag vom Glück ins Unglück «wegen eines Fehlers – bei einem von denen, die großes Ansehen und Glück genießen» (Aristoteles, S. 39).

Der Ort des Todes in der 16. Aventüre birgt viele Zeichen. Es ist ein *tiefer walt* (926,1), eine *terra inculta*, ein wilder Ort außerhalb der höfischen Kultur. Nibelungenlied-*C nennt, weil die Jäger den Rhein überqueren, korrekt den Odenwald, während *AB die Vogesen (911,3) ins Spiel bringt, einen heldenepischen Ort, den man aus dem Waltharius kennt. Kriemhild hatte Siegfried unter Tränen verabschiedet. Warnträume hatten sie geplagt: Zwei Wildschweine – der Eber-Heros ist schon den antiken Epen vertraut – hetzen ihren Mann zu Tode (921), zwei Berge begraben ihn unter sich (924). Jetzt erfüllt sich ihr Traum, der sie als junge Frau aufgeschreckt hatte: Zwei Adler zerrissen einen Falken (13 ff.; s. S. 48). Die Mutter hatte damals den Falken als Geliebten gedeutet, Kriemhild wollte aber von der Liebe nichts wissen, wollte niemals durch *mannes minne* (15,4) Leid erfahren, sondern ihre Schönheit bewahren – eine Ansicht, die man auf die ARS AMATORIA (‹Liebeskunst›), ein erotisches Lehrgedicht des römischen Dichters OVID, und auf den dem NIBELUNGENLIED näher stehenden Eneasroman HEINRICHS VON VELDEKE zurückführen möchte.

Wie ein Berserker, fern jeder höfisch kultivierten Jagd, erlegt Siegfried die Tiere des Waldes – schlichtweg barbarisch. Hier trübt der Epiker seine bisherige Zeichnung zugunsten eines stilistischen Effekts ein, denn die «wilde» Szene soll im Kleinformat die große Schlacht am Hunnenhof abbilden, in der der barbarische Rausch am Töten gleichfalls die Oberhand gewinnen wird. Dort wird es wieder Siegfrieds Schwert Balmung – dann von Kriemhild geführt – sein, das den Gejagten, den Mörder Hagen, niederstreckt (s. S. 78).

Um den Durst nach der Jagd zu stillen, fehlt der Wein. Hagen, Gunther und Siegfried, er als einziger in voller Montur, laufen um die Wette zur nahen kühlen Quelle, die an einer breiten Linde vor den Bergen fließt. NIBELUNGENLIED-*C (1013) legt sie in das Dorf Otenheim, NIBELUNGENLIED-*AB genügt ihre Lage in einem typischen *locus amœnus*, einem nach alter Tradition gestalteten ‹lieblichen Ort› der Liebe, den jetzt, in scharfem Kontrast, der Tod überschattet. Der liebliche Ort wird zum schrecklichen und spiegelt auf diese Weise das Schicksal des Helden, die *metabolē* von Glück in Unglück. Hagen durchbohrt den vor ihm knienden, vom Wasser, dem Quell des Lebens, trinkenden Siegfried mit dessen Speer. Er sticht durch das Kreuz, das die arglose Kriemhild auf Siegfrieds *edel pirsgewant* (918,2) genäht hatte (s. S. 60). Streiten wir nicht darüber, ob Siegfried nach der Umwidmung des Krieges dieses ‹edle Gewand zur Pirschjagd› überhaupt trug, erinnern wir uns lieber an die alte

Poetik, nach der der Zweck, eine erschütternde Wirkung zu er-
zielen, den Vorrang vor der Wahrscheinlichkeit hat (ARISTOTE-
LES, S. 87). Gunther, dem Siegfried höflich den Vortritt einge-
räumt hatte, hatte gleich nach dem Trunk den Schauplatz wieder verlassen (979,3; s. S. 64).

Siegfried stirbt unter großen Qualen. Beinahe hätte er den
strauchelnden Mörder noch erschlagen können (986), doch
seine Kräfte erlahmen. Vom Tod gezeichnet, verflucht er das
Geschlecht der Burgunden (990,1). Erinnern wir uns an den
Fluch Andvaris (s. S. 27); die magische Verfluchung der Verräter
ist zugleich eine Weissagung (HA 2, Sp. 1636 ff.).

Vor den herbeieilenden Rittern stellt er den spielgerecht kla-
genden Gunther und den triumphierenden Hagen bloß, richtet
aber dennoch seine letzten Worte an den König. Er gibt ihm in
formeller Anrede die Schutzgewalt über Kriemhild zurück – *lât
iu bevolhen sîn / ûf iuwer genâde die holden triutinne mîn* (‹lasst
Euch meine treue Geliebte im Vertrauen auf Euer Wohlwollen
zum Schutz anvertraut sein›, 996,3 f.). Kriemhilds Traum von
den roten Blumen (921,3) erfüllt sich – *die bluomen allenthal-
ben von bluote wurden naz* (998,1).

Ein Blick auf die Rhetorik: Im Stil des *genus grande* (s. S. 11)
erreicht der Dichter das *movere*, die ‹Erschütterung› des Publi-
kums, das sich dem *eleos* und dem *pathos* öffnen kann. Der
Held ist das Opfer. Die Liebe des hohen Paares geht in der Tiefe,
die das Nibelungenprojekt um 1200 auszeichnet, weit über die
höfische Liebe hinaus.

Hagen legt Siegfrieds Leichnam heimlich vor Kriemhilds Kemenate (1003) und brandmarkt die Königin dadurch nach zeitgenössischem Brauch als Schuldige.

Kriemhilds Rache

Kriemhild findet Siegfrieds Leichnam vor ihrer Kemenate. Sie
bricht Blut – *daz bluot ir ûz dem munde von herzen jâmer brast*
(‹vom Jammer des Herzens schoss ihr das Blut aus dem Mund›,
1010,2). Das durch das leidende Herz ausschießende Blut ist
das Zeichen für ihre gebrochene, im wahrsten Sinne erstorbene

Persönlichkeit, für ihre *metabolē*. Das ‹schwere Leid› (*pathos*: ARISTOTELES, S. 37) begründet die Verwandlung zur Rächerin. Die emotionale Tiefe der Rache kannte der alte Mythos nicht, weil dort nicht die den *ordo* sprengende Liebe des hohen Paares, sondern das Gold die Bedingung der Rache war.

Leicht erkennt Kriemhild, dass Siegfried nicht im Kampf fiel, sondern ermordet wurde. Sie schwört spontan Rache – *wesse ich, wer iz het getân, ich riet im immer sînen tôt* (‹wüsste ich, wer es getan hat, ich trachtete ihm jederzeit nach seinem Leben›, 1012,4). Ihr Wissen, dass Brünhild den Mord geraten und Hagen ihn ausgeführt hat (1010,4), muss sie beweisen. Der Rechtsweg ist für die Frau des Mittelalters jedoch sehr schmal. Nicht «schwertbegabt», ist sie auf die Hilfe der Männer angewiesen. Ihr bleibt, will sie ihre Ehre bewahren, nur das Wort, die so genannte «Hetze». Im Geiste von NIBELUNGENLIED-*C bedauert übrigens DIU KLAGE, dass sich Kriemhild als Frau nicht selbst rächen konnte – *wande si hete vrouwen lîp* (KLAGE-*C 159; *B 133) –, und betont die Pflicht zur Rache – *wand ez ir rechen gezam* (‹denn sie *musste* sich rächen›, KLAGE-*C 164, *B 138). In der Tat war es eine *Pflicht* der Angehörigen, Totschlag zu rächen; Rache war kein freiwilliger Akt. Der Weg der Witwe, auch wenn diese nicht von schwerem Leid gezeichnet gewesen wäre, war vorgezeichnet. Die auf Empathie bedachte KLAGE verlangt deshalb ganz zu Recht: *des ensol si niemen schelten* (‹deswegen darf sie niemand schelten›, *C 165, *B 139). Schauen wir auch auf die Gattung: Die heroische Dichtung wird für die Sühne ein Wergeld als unspektakulär ausschließen, und christliches Verzeihen ist ihr wesensfremd, wie in diesem Fall im Übrigen auch der Mentalität des mittelalterlichen Adels. Dies alles hat zur Folge, dass sich die, die im Gefängnis der Ehre Recht, Rache und Ruhm suchen, wie die hungernden Lemminge in den Tod stürzen.

Kriemhild versucht den Täter durch die Bahrprobe zu überführen. Es war ein um 1200 offenbar noch junges Rechtsmittel im Sinne eines Gottesurteils, das den Täter entlarvte, wenn er vor dem Opfer erschien und dessen Wunden aufbrachen. Gerne bediente man sich damals bei schwieriger Wahrheitsfindung solcher magischen Mittel. Die Bahrprobe überführt Hagen

zwar, Gunther vereitelt jedoch als oberster Rechtsherr apodik-
tisch einen Schuldspruch – *Hagen hât ez niht getân* (1045,4).
Deshalb überantwortet Kriemhild ihre Rache Gott und den
vriunden – nu lâz ez got errechen noch sîner vriunde hant (‹nun
möge Gott die Rache durch die Hand seiner Freunde und Verwandten ausführen›, 1046,2).

Die *vriunde* stehen bereit. Siegmund und die zahlreichen Ritter aus dem Nibelungenland wollen Siegfried spontan rächen,
doch Kriemhild hält sie mit den Worten zurück: *unz ez sich baz
gefüege* (‹bis sich eine bessere Gelegenheit ergibt›, 1033,2). Es
gehörte schon zur germanischen, also barbarischen Kunst der
Rachehandlung, den rechten Zeitpunkt der Rache abzuwarten:
«Jahraus, jahrein kann ein Mann warten und wägen, alle seine
Pläne darauf einstellen, die flüchtigste Gelegenheit für eine Eh-
renabrechnung zu ergreifen [...] Die Rache lehrt ihn, mit Zeit
und Raum wie mit Kleinigkeiten zu rechnen. Er wird von der
Erinnerung durch die Zeit getragen.» (GRÖNBECH [11]1991, I,
S. 77 f.). Die barbarische Form der *mnēmē/memoria* – unter-
scheidet sie sich wesentlich vom Ehrbegriff etwa der Cosa No-
stra? Manche Rache in der Gegenwartsliteratur, namentlich im
Kriminalroman, steht der nibelungischen in nichts nach. So
praktiziert der Held in TOM CLANCYS Krimi WITHOUT RE-
MORSE (1993) ein gnadenloses Ritual des Hasses; ALEXANDRA
MARININA lässt ihre Heldin in ANTLITZ DES TODES (2003,
S. 335) erschrocken über ihr Tun nachdenken: «[Sie] bemerkte
nicht, dass sie allmählich zur Furie wurde. Aus der vorsätz-
lichen Rächerin, die aus einem ganz bestimmten Grund mit
einem ganz bestimmten Menschen abrechnen wollte, verwan-
delte sie sich allmählich in einen tödlichen Orkan, der wahllos
alles mit sich riss, was sich ihm in den Weg stellte.» Könnte man
die folgende Rache Kriemhilds besser beschreiben? Sie gründet
allerdings auf der Basis des mittelalterlichen Rechts, nicht, wie
dies heute wohl bei jenen Terroranschlägen leicht der Fall ist,
die sich auf Rache berufen, auf einer Sehnsucht zum Tode.

Kriemhilds Worte beweisen, dass sie ihre Emotionen berech-
nend zu lenken versteht. Das folgende rituelle Totengedächtnis
wechselt zwischen tiefer Frömmigkeit und planvoller Inszenie-

rung eines sicheren Rachefundaments hin und her. Neben den obligatorischen frommen Stiftungen an die Klöster schenkt die Trauernde den Armen Gold im Wert von über 30 000 Mark für Siegfrieds Seele, die diese nach zeitgenössischem Brauch der Kirche als Totenopfer darbringen (1060). Diese *donationes pro anima* (‹Gaben für die Seele›) setzt NIBELUNGENLIED-*C diskreter und nicht mehr zwingend auf die Rechtssuche beziehbar ein, arbeitet also an der Empathie für Kriemhild. Sie hofft auf den Tod, der ihr Leid beenden könnte. Im *tôt-nôt*-Reim nimmt das Epos seine Schlussverse vom Tod der großen Ehre vorweg:

> *waz ob daz got gebiutet,* *daz mich ouch nimt der tôt?*
> *sô wære wol verendet* *mîn armer Kriemhilde nôt.*

‹Was wäre, wenn Gott befehlen würde, dass auch mich
  der Tod nähme?
Dann wäre das Leid der armen Kriemhild endlich zu Ende.›
(1056,3 f.)

Kriemhild verzichtet auf ihre Herrschaftsansprüche in Niederland und unterstellt sich dem Schutz der Brüder. Giselher hat ihr versprochen, sie für den Tod ihres Mannes «entschädigen» (*ergetzen*, 1080,3) zu wollen. Der Epiker ergreift nicht die Chance, das niederrheinische Xanten aufzuwerten; zu sehr hätte er den Stoff verbiegen müssen. Freilich vermag die Begründung für ihr Verweilen in Worms nicht so recht zu überzeugen, zumal Giselher für das *ergetzen* wenig unternimmt. Der Erzähler arbeitet an dessen schon früher eingefädelten Bindung zur Schwester. Der Übergang zum zweiten Teil des Epos fordert vielfach unsere Nachsicht (s. S. 60). Vielleicht sollten wir uns daran erinnern, dass HOMER die Ungereimtheiten seiner ODYSSE dadurch zu verbergen wusste, dass er sie «durch seine übrigen Vorzüge anziehend» machte (ARISTOTELES, S. 85).

Von ihrem komfortablen Witwensitz neben dem Münster aus besucht die tief gläubige (1102,4) Kriemhild die Messe. Auf diese Weise verknüpft sie die *memoria* an das Leiden und Sterben Christi mit der *memoria* an ihren toten Gatten. Nach vier Jahren bringen Gernot und Giselher eine Aussöhnung (*suone*) mit Gunther zu Stande, die Kriemhild jedoch nicht in ihr Herz aufnimmt – *mîn munt im giht der suone, im wirt daz herze nimmer holt* (‹mein Mund söhnt sich mit ihm aus, mein Herz wird ihm niemals zugetan sein›, *C 1124,4; ähnlich *B 1112,3). Es war Hagen gewesen, der auf eine *suone* gedrängt und dabei, anders als der König (1108,2), das Gold Nibelungs im Auge gehabt hatte. Der Hort ist, wie wir erst jetzt erfahren (1116,4), Kriemhilds Witwenversorgung, ihre so genannte Morgengabe.

Für Kriemhild, die das Gold nicht im Sinne Hagens nutzt, eröffnet sich eine zielführende Racheperspektive. Mit ihrer *gâbe* an Arm und Reich (1128,1) stiftet sie rechtserhebliche Bindungen. Hagen, in Sorge um das Reich, zerstört ihre Racheträume und versenkt den Hort (s. S. 60) – bei höchst merkwürdigem Verhalten der Könige, das wieder nur der Blick auf die übrigen Vorzüge des Epos entschuldigen kann.

NIBELUNGENLIED-*C erzählt eine eigene Geschichte. Nach zwölf Jahren lässt Kriemhild den Leichnam ihres Mannes in das Münster der berühmten Reichsabtei Lorsch überführen – *dâ der helt vil küene in eime langen sarke lît* (‹wo der kühne Held in einem langen Sarg liegt›, *C 1164,4). Die Witwe selbst zieht sich auf Einladung ihrer Mutter Ute, die die gefürstete Abtei nach dem Tod ihres Mannes gestiftet und großzügig ausgestattet hatte, auf einen reichen Herrenhof des Klosters zurück. Nur ein «Stück Klosterpropaganda» (BUMKE 1996, S. 509)? NIBELUNGENLIED-*C pointiert – und dies nicht nur hier – deutlicher als *AB Kriemhilds Frömmigkeit. Die Nähe zum Kloster bedeutet auch eine größere Nähe zu Gott. Den ersten Teil des Epos beendet *C damit in Bezug auf die christliche Perspektive eindrucksvoller als *AB, und es errichtet zugleich über den Weg des Glaubens eine Brücke zu Bischof Pilgrim von Passau. Schließlich setzt NIBELUNGENLIED-*C einen Kontrapunkt zum Heidentum Etzels, das im Folgenden mit der Werbung Rüdigers eingeführt wird.

Zeichenhaft ist die Unglückszahl, die NIBELUNGENLIED-*AB wählt: 13 Jahre vergehen, Rüdiger wirbt für seinen König um die schöne Witwe; er schmeichelt: *zwiu woldet ir verderben einen alsô schœnen lîp?* (‹warum wollt Ihr einen so schönen Leib verderben lassen?›, 1254,3). Ein Vierteljahrhundert ist seit

Siegfrieds Einritt in Worms vergangen, die Jahre zehren nicht an Wesen mit mythischem Hintergrund (s. S. 22). Der heimlich geleistete Schutzeid des Markgrafen (1258; s. S. 54) gibt Kriemhild eine nachhaltige Racheperspektive.

Die neue Ehe, die ihr Gunther gewährt (s. S. 60), begreift sie als Mittel zum Zweck, denn Ehre und Macht, die sie in Etzels Land erreichen (1258,4), die vielen neuen *vriunde* (1259,1), die sie gewinnen wird, sind ihr wichtiger als ihr Ruf in Burgund (1259,4). Weil Etzel jedoch Heide ist (1248; s. S. 32), ringt sie schwer und ernsthaft mit ihrem Entschluss. NIBELUNGENLIED-*AB beruhigt mit der Großzügigkeit des Hunnenkönigs in Glaubenssachen, NIBELUNGENLIED-*C macht diesen gar zu einem Renegaten, einem, der schon einmal Christ war, dann aber ins Heidentum zurückfiel; damit steht er dem Christentum ein bisschen näher. Gegen Ende des 12. Jahrhunderts war im kanonischen Recht der Glaubensunterschied in die Reihe der trennenden Ehehindernisse gerückt. Kriemhilds Bedenken, die am Hof übrigens niemand teilt und die Rüdiger mit der Bemerkung zerstreuen möchte, sie könne versuchen, Etzel zu bekehren, setzen, ebenso wie der Aufenthalt bei Bischof Pilgrim (s. S. 34), einen scharfen religiösen Akzent, den das Epos auffälligerweise nicht mit dem Rachegedanken kontrastiert.

Als Königin der Hunnen festigt Kriemhild ihre Herrschaft; zwölf (NIBELUNGENLIED-*C 1417,4) beziehungsweise dreizehn (NIBELUNGENLIED-*AB 1390,4) Jahre vergehen – Chiffren für ein Unglück, das auch nach *C im 13. Jahr denkbar ist. Der Ausführung der Rache steht nichts mehr im Wege. Sie veranlasst Etzel, ihre Brüder einzuladen (s. S. 65), an ihrem Ziel, die Rachehandlung auf Hagen zu konzentrieren, lässt der Epiker keinen Zweifel.

Mit falschem Gruß (1737,2; s. S. 41) straft sie den Mörder und setzt in den drei Rachetagen wieder und wieder das Rechtsmittel der Hetze ein. NIBELUNGENLIED-*AB zeichnet sie dabei im Allgemeinen schärfer als *C, das ihr wohlwollender gegenübersteht. *Under krône* (1770,4), gleichsam als Amtsträgerin und *consors regni* (‹Gefährtin des Königs›), tritt sie Hagen gegenüber, der, ein Bild des Richters, Siegfrieds Schwert über seine

Knie gelegt hat, und erreicht, dass er sich öffentlich zum Mord
an Siegfried bekennt. Die Hunnenkrieger, die sie daraufhin gegen ihn aufhetzt, ziehen sich jedoch feige zurück. Weil Dietrich
ihre Bitte um Rachehilfe ablehnt (1902,4), spannt sie Etzels
Bruder Blœdel (s. S. 16) ein. Dieser tötet, als die Nibelungen in
der Halle tafeln, mit seinen Kriegern deren Gesinde (s. S. 19,
23), scheitert jedoch an Dankward. Halten wir kurz inne! Dietrich, der Unbesiegbare, hätte die Katastrophe verhindern können, er weigert sich aber, weil er Hagen (s. S. 41) verbunden ist
und die Gastfreundschaft nicht verletzen möchte. An ihm also,
der das Gute will und damit das Schlimme erreicht, scheitert
Kriemhilds Plan, die Rache schonend auszuführen und das Töten so gering wie möglich zu halten.

Während Blœdels Krieger das Gesinde morden, wird Ortlieb,
der Königssohn (s. S. 32, 36), in die Halle gebracht, in der das rituelle Festmahl stattfindet. Nach Nibelungenlied-*AB unter-
läuft Kriemhild die friedensstiftende Funktion dieses Mahls und
will in ihrer Verzweiflung mit der Präsentation ihres Sohnes den
Kampf in Gang bringen (1912). Nibelungenlied-*C nimmt
die Königin nicht in die Verantwortung und begründet die jetzt
eingeleitete neue Qualität der Rache allein mit dem folgenden
dramatischen Auftritt Dankwards. Der Erzähler in *AB ist rat-
los gegenüber der Gewalt der Rache, ihrer sich entfaltenden Ei-
gendynamik, damit wohl auch gegenüber dem System, das um
der Ehre willen zu einem solchen Handeln führt – *wie kunde ein
wîp durch râche immer vreislîcher tuon* («wie konnte eine Frau
aus Rache jemals schrecklicher handeln», 1912,4).

Nibelungenlied-*AB lässt offen, wie denn das Kind nach
Kriemhilds Plan den Kampf hätte verursachen sollen. Anders ist
dies in nordischen Erzählungen. Dort stiftet die Königin den
Sohn dazu an, Högni zu ohrfeigen (Þiðreks Saga). Im deut-
schen Nibelungenprojekt wird allenfalls deutlich, dass sie jetzt
Etzel in ihre Hetze einbeziehen möchte. Dieser setzt aber seine
Arbeit an der *vriuntschaft* fort und schlägt vor, Ortlieb am Hof
in Worms erziehen lassen.

Hagen – der Epiker setzt eine ausgereifte Heldenrhetorik ein
– reagiert auf diesen Vorschlag provozierend mit der Bemer-

kung, dass der junge König vom Tod gezeichnet sei (1918,3).
Jetzt tritt Dankward blutüberströmt in die Halle und verkündet
den Tod des Gesindes. Das Gastrecht ist verletzt, Hagen hat nun
die Möglichkeit, seinerseits eine begründete Rachehandlung
einzuleiten. Er tötet den jungen König und erinnert dabei effekt-
voll an Siegfried:

> *nu trinken wir die minne   unde gelten 's küneges wîn.*
> *der junge vogt der Hiunen,   der muoz der êrste sîn.*

‹Jetzt trinken wir die Minne und zahlen den Wein des Königs
   zurück / revanchieren uns für den Wein des Königs.
Der junge Vogt der Hunnen muss der Erste sein.› (1960,3 f.)

Das Minnetrinken war im Volksbrauch seit germanischer Zeit
verankert, es ist ein Trunk zu Abschied und Gedenken (HA 6,
Sp. 375 ff.). In Erinnerung an Siegfried schlägt das Festmahl in
ein Totenmahl um – barbarischer Furor. Hagen, dann auch die
Könige der Nibelungen, ziehen mordend durch den Saal. Nur
Dietrich und Rüdiger dürfen die Halle unbehelligt mit ihren
Kriegern verlassen. Dietrich nimmt Etzel und Kriemhild in seinen Schutz und bezeichnet dadurch auch die Grenze seiner
vriuntschaft zu den Nibelungen. Etzel, den der Epiker als einen
langmütigen, auf Friedenssicherung bedachten Herrscher ent-
worfen hat, ist für den *strît* gewonnen.

Der Dichter geht zu den großen, wohl komponierten Kampf-
szenen über. Ihre Strukturen sind für das antike Epos bezeich-
nend, waren jedoch in der germanischen Erzähltradition vor
dem NIBELUNGENLIED nicht üblich. Dieses erprobt also für die
Literatur in der Volkssprache eine neue Form und kontaminiert
dabei das heimische Material mit den traditionsreichen Formen
der Antike. Die Halle der Nibelungen sowie Treppe und Tor be-
grenzen den Schauplatz.

Die Nibelungen geben Hagen nicht preis – «Nibelungentreue» (s. S. 65). Thüringer und Dänen (s. S. 32) gehen mit ihren
Heeren für Kriemhild in den Tod (35. Aventüre), die Hälfte der
Burgunden übersteht den durch sie veranlassten Saalbrand und
neue Angriffe der Hunnen (36. Aventüre). NIBELUNGENLIED -

*C, das den Text auch hier wieder kirchlicher als *AB akzentuiert, erklärt, dass die Hunnen ohne ihre christlichen Krieger eine schwere Niederlage erlitten hätten (*C 2351,3 f.; BUMKE 1996, S. 513 ff.).

In dieser zunehmenden Spirale der Gewalt spart sich der Epiker die beiden berühmtesten Krieger bis zum Schluss auf. Als erster geht Rüdiger mit seinem Heer in den Tod (37. Aventüre). Weil sie gegen seinen Rat zu kampfwütig sind, fallen die Krieger Dietrichs (38. Aventüre). Von den großen Helden – Etzel kämpft nicht – sind auf nibelungischer Seite nur noch Gunther und Hagen am Leben, auf hunnischer Hildebrand, der schwer verwundet seinem Herrn, Dietrich, die Niederlage seines Heeres meldet, und Dietrich selbst, der noch nicht in die Kämpfe eingegriffen hat.

Wie zu Beginn seiner sagenhaften Karriere, die man als Publikum um 1200 kennt, ist der Fürst der Amelungen nun ein *ellender recke* (‹Held ohne Heimat›, 2345,4) und ohne den *trôst* (‹Schutz›, 2329,4) seiner Krieger. Er überwältigt die beiden Nibelungen, tötet sie jedoch nicht, sondern versucht den Aufbau einer neuen *vriuntschaft*, die zweifelsohne auch ihm Vorteile brächte. Er bietet ihnen an, sie als Geiseln sicher nach Burgund zu führen (2340); sie lehnen jedoch ab. Vergeblich vertraut Hagen auf Balmung (2347,3), Dietrich bindet ihn und bringt ihn gefesselt zu Kriemhild, die ihn einkerkern lässt. Jetzt erst ist sie «gut entschädigt» – *du hâst mich wol ergetzet aller mîner nôt* (‹du hast mich für all mein Leiden gut entschädigt›, 2354,3). Auf seine Bitte, Hagens Leben zu schonen, reagiert sie mit viel sagendem Schweigen (2355).

Dietrich fesselt Gunther nach schwerem Kampf. Die Vergeiselung der beiden Nibelungen und die Übergabe an ihn, die er vorschlägt, lehnt Kriemhild ab. Er verlässt sie *mit weinenden ougen* (2365,2); er resigniert vor der Gewalt der Rache, vielleicht auch vor der eigenen Perspektivlosigkeit – der Epiker öffnet beide Möglichkeiten.

Kriemhild geht zu Hagen und fordert den Raub zurück:

welt ir mir geben widere,   daz ir mir habt genomen,
sô muget ir noch wol lebende   heim zen Burgonden komen.

‹Wollt Ihr mir zurückgeben, was Ihr mir geraubt habt,
dann könnt Ihr wohl noch lebend heim nach Burgund
    kommen.› (2367,3 f.)

Die Worte sind zweideutig, geraubt hat ihr Hagen den Hort und
Siegfried. Mit der Forderung nach dem Hort hatte sie Hagen bei
seiner Ankunft empfangen (1741,4). Der Blick auf nordische
Nibelungenprojekte legt den Fokus auf das Gold nahe. Dort ist
aber die tiefe Liebe des hohen Paares unbekannt. Sie schenkt
dem NIBELUNGENLIED die Lizenz zum metaphorischen Lesen,
wenn man diese denn annehmen will; wenn nicht, bliebe nur die
These der Quellenhörigkeit des Epikers.

NIBELUNGENLIED-*AB nimmt sein Publikum nicht so fest an
die Hand wie NIBELUNGENLIED-*C. Dieses spielt nämlich mit
der doppelten Bedeutung von *gelt* im Sinne von ‹Geld› und ‹Vergeltung›. Es lässt Kriemhild erklären, dass ihr der Hort als Gold
nicht wichtig sei, der *mort* (*C 1785,3) möge ihr vergolten werden – *des möhte ich vil arme noch ze liebem gelte komen*
(*C 1785,5). Die Rache schenkt *gelt* (‹Vergeltung›), der einzige
Reichtum, der ihr, die (materiell) sehr reich (*C 1785,1 f.), see-
lisch jedoch arm ist, noch verbleibt. Das *gelt* ist in Erinnerung
an den Geliebten *liep* (‹erfreulich›).

Hagen antwortet auf Kriemhilds Angebot verständlicher-
weise nur in Bezug auf das Gold und verrät dessen Versteck
nicht; er beruft sich auf seinen Schwur mit den Königen
(2368,2; zu 1140; s. S. 60). Kriemhild, die nun (indirekt) erfährt, dass die Könige bei der Vernichtung ihrer Morgengabe
mit Hagen gemeinsame Sache gemacht haben, befiehlt, Gunther
zu töten, und zeigt Hagen dessen Haupt. Wir sind an die alttes-
tamentarische JUDIT erinnert, die einst ihrem Heer triumphie-
rend das Haupt des HOLOFERNES zeigte (JUDIT 13,18). Hagen
erkennt die Logik der Rache an, der ja auch er gefolgt ist – *du
hâst iz nâch dînem willen z'einem ende brâht, / und ist ouch
rehte ergangen, als ich mir hete gedâht* (‹du hast es nach deinem

Willen zu Ende geführt, / und es ist auch so geschehen, wie ich
es mir gedacht hatte›, 2370,3 f.). Heldentrotz – «Mehr Freude
verspüre ich über den Tyrannenmord als Schmerz über meinen
Tod», sagt Wögg, der Rächer, bei SAXO GRAMMATICUS (S. 146),
als er den Tyrannen getötet hat und nun selbst sterben muss.

Das Gold verrät er nicht. Seine letzten Worte, mit denen er
sich auf die Seite Gottes stellt und sein Opfer als eine Gesellin
des Teufels schmäht, spiegeln die verkehrte Welt, die das NIBE-
LUNGENLIED über Kriemhilds Rache entwickelt hat:

> *den schaz den weiz nu niemen   wan got unde mîn:*
> *der sol dich, vâlandinne,   immer wol verholn sîn.*

> ‹Von dem Schatz weiß nun niemand mehr, außer Gott
>   und mir:
> der soll/wird dir, Teufelin, ewig verborgen bleiben.›

>   (2371,3 f.)

Bei seiner Ankunft am Etzelhof hatte ihn Kriemhild gefragt, was
er denn mitbringe, und er hatte geantwortet: *jâ bringe ich iu den
tiuvel* (‹Ja, ich bringe Euch gar nichts/den Teufel›, 1744,1). Man
kann das hintersinnig lesen; mit ihm kommt auch das Unheil
über die Hunnen.

Kriemhild nimmt Siegfrieds Schwert an sich und schlägt
Hagen den Kopf ab (2373). Das Schwert rückt die verkehrte
Welt wieder zurecht. Dessen Mystik, die der weit vorausschau-
ende Epiker durch die Schwertleite der 2. Aventüre (s. S. 24) und
durch Hagens Bericht über Siegfrieds Jugend (s. S. 26 f.) aufge-
baut hat, macht es eins mit seinem Träger. Es *ist* Siegfried, der
Hagen erschlägt; sein Leben, von Sonnenwende (31,4) zu Sonnenwende (1412,4), schließt sich erst jetzt.

Das Recht holt die Rächerin ein, denn als Frau hätte sie die
Strafe nicht selbst vollziehen dürfen. Hildebrand, Dietrichs
rechte Hand, schließt die patriarchal konzipierte Rachehandlung ab und schlägt Kriemhild in Stücke – *ze stücken was ge-
houwen dô daz edele wîp* (‹da war die edle Frau in Stücke zer-
hauen›, 2377,2). Sie schreit grässlich (*grœzlîchen*, 2376,4). Der
Schrei und die Exekution als Zerstückelung, die Hildebrand

vollzieht, sind typisch für das Gericht über eine Hexe und ihren Tod.

Das Hexen-Zeichen wählt nur Nibelungenlied-*AB; Nibelungenlied-*C beschreibt Kriemhilds Schrei als ängstlich (*angestlîchen*, *C 2436,4) und lässt Hildebrand *einen grimmen swanc* (‹schrecklichen Schlag›, 2436,2) führen. Solche Änderungen zeigen, dass wir mit der Deutung als Hexe nicht falsch liegen. *C integriert in seinen Text eine Rezeptionssteuerung mit dem Ziel, Kriemhild für die Kirche zu retten. Es zeichnet sie immer wieder weicher und wärmer als *AB und lässt Hagen und den Teufel, dessen Wirken in der Geschichte im Übrigen auch ein beliebtes historiografisches Muster ist, das Böse repräsentieren. Schon vor dem Saalbrand kommentierte *C:

> *Sine het der grôzen slahte   alsô niht gedâht.*
> *si het ez in ir ahte   vil gerne dar zuo brâht,*
> *daz niwan Hagene aleine   den lîp dâ hete lân.*
> *dô geschuof der übel tiufel,   deiz über si alle muose ergân.*

> ‹Sie hatte nicht mit einer so großen Schlacht gerechnet;
> sie hätte es viel lieber gesehen,
> wenn nur Hagen allein das Leben verloren hätte.
> Aber da machte der böse Teufel, dass es über sie alle hereinbrach.› (*C 2143)

Diu Klage, die den in Nibelungenlied-*C eröffneten kirchenfreundlichen Diskurs stringent fortsetzt, verstärkt die Macht des Bösen. Der Teufel braut die Rache zusammen (Klage-*B, 1314 f.). Deren eigene Dynamik habe sich entfaltet, als Kriemhild die Treue der Könige zu Hagen erkannte. Danach *lie siz gên, als ez mohte, / mit ir willen und âne ir danc* (‹ließ sie es laufen, mit und ohne ihren Willen›, *C 598 f.; ähnlich *B 241 f.). Präzise wird beobachtet, dass auf dem Höhepunkt der barbarischen Rachehandlung der Furor einsetzt, die Ekstase; der Erzähler spricht vom *kranken sin* (*B 243) Kriemhilds, eine Bemerkung, die wenig mit Frauenfeindlichkeit, umso mehr aber mit Psychologie zu tun hat.

VIII. Das Barbarische und das Höfische

Das NIBELUNGENLIED entfaltet eine eigene Welt. Schnell ist unser analytischer Geist geneigt, deren einzelne Komponenten gegeneinander auszuspielen. Der Dichter hat in den Jahren des staufisch-welfischen Thronstreites einen in die germanische Frühzeit zurückgehenden Mythos im Schatten der Kathedrale und der ritterlich-höfischen Kultur neu eingeformt. Dies hat ihn im Gegensatz zu seinen Kollegen von der Artus-Fraktion nicht dazu veranlasst, idealisierte Charaktere zu entwerfen. Sein Epos führt zwei Verhaltensformen zusammen, eine kultiviert-höfische, zivilisierte, und eine barbarische.

Statt *barbarisch* liest man in der Regel *archaisch*, doch ist dies in unserem Zusammenhang ein verführerisch-unpräziser Begriff, der chronologisch und stilistisch vage besetzt ist. Das Barbarische zeichnet sich nach der großen Untersuchung von SCHEIBELREITER (1999) wesentlich durch Spontaneität, Rohheit und Maßlosigkeit aus, das Höfische (s. BUMKE [8]1997, PARAVICINI 1994) durch emotionale Kontrolle, eine je zeittypisch definierte Schönheit und Sittlichkeit. Beide Kulturformen hatten «ihre» Zeiten, in denen sie die kollektive Mentalität besonders prägten, das Barbarische etwa die Epoche der germanischen Wanderungen und Reichsgründungen – auch die des späten Nationalsozialismus –, das Höfische die der Ritterzeit des 12. und 13. Jahrhunderts, der Renaissance oder des Barock. Doch auch außerhalb «ihrer» Zeiten waren und sind sie bis in die Gegenwart virulent. Den barbarischen Gesellschaften war auch das die Emotionen in Schach haltende Zeremonialhandeln vertraut, den höfisch-zivilisierten auch Spontaneität und Maßlosigkeit.

Nicht nur im NIBELUNGENLIED, auch in der historischen Wirklichkeit sind beziehungsweise waren das Höfische und das Barbarische die Siglen *einer* Kultur. Der germanische Adel Westeuropas, der die spätantike Zivilisation gerne annahm und im Übrigen auch zu den Trägern der verschiedenen Nibelungen-projekte gehörte, hatte gegenüber dem mediterranen Lebens-modell eine eigene Kultur entwickelt, die das Barbarische nie ganz aufgab. Hinzu kommt, dass dieses in keiner Kultur fehlt und durch Zivilisationsideologien allenfalls zurückgedrängt, je-doch nicht vollständig ausgeschlossen wird. Was uns heute also ideosynkratisch und unvereinbar miteinander erscheinen mag, muss/wird es für die Zeitgenossen nicht gewesen sein.

Weil die höfischen und barbarischen Akzentuierungen der ein-zelnen Charaktere nicht zwingend als Zeichen kontrastierender, gar ungleichzeitiger Kulturen interpretierbar sind, ist das Nibe-lungenlied nicht als ein Text lesbar, der verschiedene Kulturen in ein Spannungsverhältnis setzt, obwohl dies mit mehr oder we-niger Geschick von vielen Lesern und Leserinnen immer wieder gerne versucht wird. Der Dichter entwickelt *eine* Kultur, die «ni-belungische», in der er einmal die eine, dann wieder die andere Akzentuierung durchscheinen lässt. Er entwirft keine «gespalte-nen» oder in sich widersprüchlichen episch-dramatischen Char-aktere, so gerne dies eine postmoderne Analyse auch hätte. Wir wissen nicht, auf welchen Charakteren der Nibelungenepiker aufbauen konnte. Ihm sind jedoch nicht die allgemein-höfischen, sondern allenfalls die ritterlich-höfischen sicher zuzuordnen. Hier ist es vor allem das über den neu eingefärbten Begriff des *herzen* entwickelte Thema der Liebe des hohen Paares.

Ernst Schubert beendet seine Monografie über den Alltag im Mittelalter mit dem Satz: «Denn das ist das einzig Mittel-alterliche am Mittelalter: Man steht Normen, Prinzipien und Institutionen ziemlich fern und kann scheinbar Unvereinbares vereinbaren, kann die verschiedensten Anschauungen nebenein-ander stehen lassen.» (Schubert 2002, S. 281) Für das mittel-alterliche Publikum dürften die Arbeit des Epikers und die Welt des Nibelungenliedes, die er entwarf, widerspruchsfreier und konsistenter gewesen sein als für uns. Er konnte das alte *recke* mit dem neuen *ritter* gleichsetzen; er konnte die höfische Köni-gin von Island als barbarische Braut in Szene setzen oder Sieg-fried, den Liebenden, zum wilden Jäger stilisieren. Hybris und

barbarischer Furor sind kaum einem der männlichen Charaktere, die sich gleichwohl sehr kontrolliert geben können, fremd.
Wir tun deshalb gut daran, das Paar barbarisch-höfisch unab-
hängig von seinem unstritig kulturellen Hintergrund bei unserer Aneignung des Textes vorrangig als Bedingung des Menschlichen überhaupt zu begreifen.

Auf dem Fundament des mittelalterlichen Feudalsystems und
älterer Nibelungenprojekte entwirft das Nibelungenlied aris-
tokratische Lebensformen mit barbarischen und zivilisatori-
schen Facetten. In ihrer besonderen und einmaligen nibelungischen Einheit sind sie keine Vorbilder, sondern Lebensbilder aus
der Vergangenheit. Der Epiker zeichnet seine Charaktere nach
einem aristokratischen Ethos, geformt von der Ehre und dem
Rechts- und Machtbewusstsein des hochmittelalterlichen Adels.
Nur in diesem historischen Rahmen sind sie lesbar, nicht mit
typisierenden Schablonen wie germanisch, christlich, ritterlich,
höfisch oder human, gar humanistisch: alles ist – engführend –
vorgekommen. Auch ist weder das Christliche dem Heroischen
noch das Heroische dem Christlichen bloß «aufgesetzt», wenn
wir uns dies auch nur schwer vorstellen können. Gerade in
Kriemhild, dem Leuchtturm des neuen Nibelungenprojekts am
Übergang vom hohen zum späten Mittelalter, sind sie untrenn-
bar ineinander verschmolzen.

Ehre und Rache stehen auf den Bannern patriarchaler Gesellschaften. Nicht ohne Grund erregt sich Rakel in dem Roman
Die Fährte von Jo Nesbø: «Rache ist so ein Scheißverhalten
von euch Männern, das hat nichts mit Pflicht zu tun, sondern
mit Neandertalniveau.» (S. 354) Ihr – wenn auch romanhafter –
Zorn zeigt, dass es mit der höfischen Kultur auch heute noch so
weit nicht her ist; dass sie zwar kulturelle Schübe setzt, die denn
aber doch wieder, wenn es um die Ehre geht, leicht verpuffen.
Das Nibelungenlied objektiviert zwar diese spannungsreiche
Geschichte der Kulturen; ob der Epiker, der nur *eine* Kultur
konstruiert hat, sie aber überhaupt schreiben wollte, wissen wir
nicht und brauchen es vielleicht auch gar nicht zu wissen.

IX. Erinnerungsgeschichte

Lokale Mythen

Sagen und Mythen bereichern und beleben das kulturelle Gedächtnis; kaum eine Landschaft, die sie nicht pflegt, häufig
unterstützt von einer rührigen lokalen Forschung. Deshalb wird
die Erinnerung an die Nibelungen an Mittel- und Niederrhein
und an den Reisewegen Kriemhilds und ihrer Brüder, auch in
Soest, dem Susat der Þiðreks Saga (s. S. 16), bis heute – heute
sogar wieder besonders – wach gehalten. Von so hohem Interesse ist für viele gerade auch die Erinnerung an die Heroen der
Heldensage, dass sie deren Spuren selbst dort nachjagen, wo eine
seriöse Forschung sie niemals suchen würde. Und wie schön
wäre es doch, gleich Schliemanns Entdeckung von Troja, den
Nibelungenhort zu heben – in den Rheinauen oder gar in Fafnirs
Drachenhöhle? Hort und Rheingold sind sich befruchtende
mythische Paare, und wir sind recht sicher, dass das Gold und
der Mythos vom Rhein dem Hort zu seinem Versteck verhalf.

Wir greifen exemplarisch zwei Orte heraus, deren nibelungische Erinnerungsgeschichte zugleich, wie wir meinen, eine typisch deutsche Geschichte ist, Worms und Xanten (Ehrismann
2005/1, 2005/2).

Worms

*Corneus Sifridus, Vangionum urbis gigas stupendae altitudinis et
roboris admirandi, de quo exstat hodie adhuc poema quoddam
Germanicum Der hurnin Seyfrid inscriptum.* (‹Siegfried aus
Horn, ein Riese aus der Stadt der Vangionen [= Worms], von stu-
pender Größe und bewundernswerter Kraft, von dem bis heute
ein gewisses deutsches Lied mit dem Titel ‹Der hörnerne Seyfrid›
existiert; Grimm 1829, S. 481). Dies berichtet der böhmische
Humanist und Historiker Caspar Bruschius in seiner Kloster-
geschichte 1551. Die frühe Erinnerungsgeschichte orientierte

sich nicht am NIBELUNGENLIED, sondern am HÜRNEN SEYFRID.
Man zeigte die Lanze, ein *ingens pinus* («riesige Fichte»; GRIMM
1829, S. 360), vielleicht auch schon den Stein Siegfrieds von beeindruckender Größe – noch heute zu sehen, jedoch nichts anderes als der Teil einer Baumkelter. Das vermeintliche Grab Siegfrieds ließ Kaiser Friedrich III. (wahrscheinlich zu Ostern 1488)
öffnen, er hat *aber nit ein einige anzeigung eines körpers funden*;
der kritische Historiker FRIEDRICH ZORN bemerkt (1570,
S. 196) weiter: *derohalben ob schon etwan riesen hierum gewoh-
net, ist doch lauter fabelwerk, was von diesem hörnin Seifried
seiner stangen und schwertsknopf gedichtet wird.*

Man erhob damals gerne Heroen zu Riesen und deren Zeit-
alter, die Welt Dietrichs von Bern, «zu einer Art Jugendzeit der
mittelalterlichen Welt» (JOHANEK 2003, S. 38). Seit dem ausgehenden 15. Jahrhundert verdichtete sich in Worms ein auf die
städtische *libertas* bezogener Ursprungsmythos, der sich wesentlich auf diese «Jugendzeit» bezog, die die humanistische
Geschichtsschreibung damals allgemein als eine Zeit der germanischen Freiheit verherrlichte. Worms ließ sein Rathaus, die
Neue Münze, mit Drachen und Szenen aus der Heldendichtung
ausschmücken, darunter Siegfried als Riesentöter und Kriemhild mit einem Kranz weißer und roter Wiesenblumen in der
Hand – sicherlich das liebliche Mädchen des HÜRNEN SEYFRID
und nicht die etwas zickige Dame aus dem Epos DER ROSEN-
GARTEN (Mitte 13. Jahrhundert), die nur Rosen vergibt. Als Kaiser Maximilian 1493 in Worms einritt, setzte er sich einen
Kranz, wie ihn Kriemhild in der Hand trug, auf und huldigte
damit der städtischen Freiheit, war doch den Wormser Bürgern
in jenen Jahren die «direkte Bindung an die Kaiser und Könige
als Garanten der Freiheitsrechte und als Gegengewicht zu Bischof und Geistlichkeit» (BÖNNEN 2003, S. 16) immer wichtiger
geworden.

Während des 18. Jahrhunderts begann das deutsche Bildungsbürgertum den Nationalgedanken, dessen spezifischer Träger es
war (WEHLER [2]1989, S. 210 ff.), zu verdichten. Es bezog sich zunächst vor allem auf die humanistische Arbeit an der germanischen Freiheit – erinnert sei nur an die zahlreichen zeitgenössi-

schen Arminius-Dramen –, dann aber auch immer stärker auf die angebliche mittelalterliche Kaiserherrlichkeit. Der Traum von der kulturellen Einheit der Nation, wie ihn KLOPSTOCK, MÖSER, WIELAND und andere ausmalten, ging, als NAPOLEON die deutschen Länder mit Krieg überzog, bald in den Traum von der politischen Einheit über. In diesem patriotischen Klima wurden die Nibelungenprojekte des Mittelalters zum nationalen Mythos (s. S. 97 ff.) verdichtet, wobei DER RING DES NIBELUNGEN von RICHARD WAGNER (s. S. 91 ff.) seit dem späteren 19. Jahrhundert die wichtigste Weichenstellung darstellte.

Seit dem Ausgang dieses Jahrhunderts, im geeinten Reich, überzogen die Stadtväter von Worms, namentlich der Industrielle und Mäzen CORNELIUS WILHELM FREIHERR VON HEYL ZU HERRNSHEIM, ihre Stadt mit zahlreichen nibelungischen Gedenkstätten. Straßen wurden nach den Helden der Sage benannt, die ihrerseits, bis hin zu dem berühmten Hagendenkmal von JOHANNES HIRT (1906), in verschiedenen künstlerischen Medien die Stadt bevölkerten; eine zum Teil bis heute präsente so genannte «Nibelungenarchitektur» wurde entwickelt – eklektizistisch, historisierend nach spätromanischen und frühgotischen Mustern typisiert, mit der damals aktuellen Neorenaissance konkurrierend, bei der Bevölkerung und bei zeitgenössischen Architekten durchaus umstritten.

Auch nach dem Ersten Weltkrieg hielt man, wobei das Bürgertum geteilter Meinung blieb, die Erinnerung an die Nibelungen durch zahlreiche kulturelle Aktivitäten wach, verschränkte sie in den Jahren der Hitler-Diktatur mit einer mystisch verklärten, rassistischen Reichsidee. Derart instrumentalisiert, bildete sich nach dem Zweiten Weltkrieg eine Kultur der Erinnerungsverweigerung, der das Kultur tragende Bürgertum der Stadt erst mit Blick auf das für 2000 anberaumte «Nibelungenjahr» ein Ende setzte. Dabei kam ihm die neue Mittelalterlichkeit zugute, die in Deutschland seit den beginnenden Achtzigerjahren Einzug hält und auf komplexe Ursachen zurückgeht (EHRISMANN 1999/1). In einer Zeit, in der sich die Lebensverhältnisse durch die digitale und industrielle Revolution derart schnell verändern, gilt vielen «Mittelalter», ein Begriff, der wie «antik» nicht

mehr auf eine bestimmte Epoche angewandt wird, als die Be-
zeichnung für eine Traumzeit ruhiger, bürgerlicher Sekurität
(Stichwort: Fachwerk), für höfische Freude (Stichwort: Mittel-
alterfest) und dunkles Grauen (Stichwörter: Hexe, Kirche, In-
quisition; SCHUBERT 2002).

Im Rahmen dieser neuen Mittelalterlichkeit schärft Worms,
das Luther-Gedenken hintanstellend, derzeit sein Profil als «Ni-
belungenstadt», und zwar in nachdenklicher und kritischer
Aufarbeitung seiner Vergangenheit. Das Epos selbst und seine
Geschichte, nicht mehr vorrangig der HÜRNEN SEYFRID oder
der nordisch eingeformte Mythos, werden wahrgenommen und
Konzepte einer wissenschaftlichen und populären Erinnerungsarbeit entwickelt – nicht zuletzt zur Förderung des Tourismus
und der modischen Event-Kultur. Die schönsten Zeugnisse sind
die 1998 gegründete NIBELUNGENLIED-GESELLSCHAFT, das seinerzeit heftig umkämpfte, im August 2001 eröffnete Nibelun-
genmuseum und das ein Jahr später erstmals aufgeführte Schauspiel DIE NIBELUNGEN von MORITZ RINKE (s. S. 107).

Xanten

Seit dem späteren 19. Jahrhundert, als die Archäologie zur römischen Geschichte der Stadt aufzublühen begann, wurde die
Burg Siegfrieds in der *Colonia Ulpia Trajana* (s. S. 25) oder in
einem in der Nähe befindlichen *castrum* auf dem Fürstenberg
vermutet. Schärfere germanophile Töne wurden zwar schon in
der Zeit, als FELIX DAHNS KAMPF UM ROM zum Bestseller wurde und der so genannte Kulturkampf tobte, gelegentlich ange-
schlagen, sie blieben aber selten. War der gewaltige Bau etwa
die palastartige Festung eines alten Germanenkönigs?

Nach dem Ersten Weltkrieg, als im Reich vielfach die natio-
nalistischen Töne verschärft und vor dem Hintergrund des Versail-
ler Vertrags die Fähigkeit zu trauern sich kaum entwickeln
konnte, konnte man eine Postkarte mit einem über der Silhou-
ette der Stadt schwebenden Siegfried verschicken. Notgeldschei-
ne zeigten auf der Vorderseite Xantens Dom mit den Schutzheili-
gen Viktor und Helena, auf der Rückseite einen überdimensio-

nierten Siegfried, der vor aufgehender Sonne auf «seine» Stadt blickt, sie mit dem Schwert beschützend.

Waren hier Christentum und Germanentum noch traut vereint, so beflügelte der Germanenwahn der folgenden Jahre die Suche nach Siegfrieds Burg in der CUT; einer der Aktivisten der neu aufgenommenen Ausgrabungen meinte etwa: «[Die Sage] kündet im Lied der Nibelungen in Erinnerung an die kriegerisch und romantisch so bewegten Tage, wie hier Siegfried das Licht der Welt erblickt, der Drachentöter, der den Feind bezwingt, das Urbild deutschen Heldentums [...] Eine solche Siegergestalt aus siegreichem Geschlecht mußte an einer Örtlichkeit geboren werden, von der noch im Volke lebendig war, daß sie eine Zwingherrschaft über Germanien ausgeübt hatte.» (s. KLEESIEK 1998, S. 35 f.) Die Stadt selbst, und dies scheint uns nicht untypisch für eine breite Bevölkerungsschicht im Reich, nahm trotz eines beachtlichen Medieninteresses an der «Siegfriedsburg», an der «Siegfriedgrabung», wie man auch sagte, solche Töne aus dem Bildungsbürgertum kaum wahr. «Es muß leider gesagt werden», klagte ein Beiträger der renommierten Fachzeitschrift RHEINISCHE VIERTELJAHRSBLÄTTER 1934, «daß der von aller Welt als Xantener angesehene Siegfried in seiner Vaterstadt wenig bekannt ist.» (s. KLEESIEK 1998, S. 30)

Wenn auch den meisten verantwortlichen Archäologen klar war, dass man die väterliche Burg des Helden niemals finden könne, begann man doch das Profil der Stadt als «Siegfried(s)-stadt», als «Siegfrieds Edelsitz», wie die Essener NATIONAL-ZEITUNG am 11.10.1934 schrieb, zu schärfen. Das römische Amphitheater wurde zur «Jung-Siegfried-Arena» für die Hitler-Jugend erhoben (KLEESIEK 1998, S. 48, 60). Ein XANTENER DOMSPIEL von 1936 stilisierte Siegfried zum Verteidiger des Christentums und sogar Siegfrieds Schmiede wurde nach der Ausgrabung einiger größerer Eisenbarren ausfindig gemacht. Allerdings wollte selbst die nationalsozialistische Publizistik im Reich, so zerstritten sie in der Einschätzung der Vor- und Frühgeschichtsforschung zwischen den Häusern ROSENBERG und HIMMLER auch war, den Germanenfürsten nicht in den verfallenen Ruinen der CUT hausen lassen.

Noch lange nach 1945 warb Xanten mit dem Label «Siegfriedstadt» und nahm dafür unbesehen die alten Materialien zu Hilfe. Die Stimme des Ehrenbürgers WALTER BADER (1949), dass es «höchste Zeit sei», den «Siegfriedkitsch» aus den Köpfen zu verbannen, wurde vielfach überhört; zu düster, so BADER, sei das NIBELUNGENLIED und zu tragisch, um touristisch instrumentalisiert zu werden (READER 2003, S. 75). Als sich dann in den Siebzigerjahren für die Profilierung der Stadt die Frage «Antike oder Mittelalter?» stellte, entschied man sich, so der damalige Stadtdirektor, «für die alten Römer [...], weil es hieß, dass mit den Nibelungen kein großer Staat zu machen sei» (READER 2003, S. 90). Diese kleine Geschichte nach 1945 reflektiert, wie auch die folgende Restgeschichte, sehr genau die Höhen und Tiefen des deutschen Umgangs mit dem Mittelalter.

Im ausgehenden 20. Jahrhundert verdichtete die Stadt – auch vor dem Hintergrund ihrer 775-Jahre-Feier – wieder ihre auf Siegfried bezogene Erinnerungspflege. Man diskutiert heute über ein Museum, das Erlebnisorientierung, Spaßfaktor und Bildungsorientierung vereint. Immerhin fragt ein Drittel der Touristen, die nach Xanten kommen, nach sichtbaren Zeugnissen der Siegfriedlegende – und sie suchen nicht die Kriemhildmühle am Nordwall, nicht das großformatige Gemälde von der Ermordung des Helden aus den 1950er Jahren über dem Stadtcafé am Markt und nicht das neuere Relief mit Nibelungenmotiven am Nordwall (READER 2003, S. 6 ff.).

Worms und Xanten – beide Städte versuchen heute über *memorials* und *events* das Publikum ein- und hereinzuholen, wollen es neugierig machen und die Erinnerungsarbeit pflegen. Die Erinnerungskultur dieser und anderer Städte mit nibelungischem Hintergrund bleibt jedoch ein Irrwisch, solange sie nicht die «Unfähigkeit zu trauern – womit zusammenhängt: eine deutsche Art zu lieben» (MITSCHERLICH/MITSCHERLICH 1977) mit zum Thema machen.

Leuchttürme im 19. Jahrhundert:
Hebbel und Wagner

Das 19. Jahrhundert hat in den verschiedensten Stilrichtungen und Medien eine – eher quantitativ als qualitativ – beachtliche Nibelungenkunst etabliert (WUNDERLICH 1977, SCHULTE-WÜLWER 1980). Unter den Malern stechen PETER CORNELIUS und JULIUS SCHNORR VON CAROLSFELD hervor (STORCH 1987), unter den Dramatikern FRIEDRICH HEBBEL und RICHARD WAGNER, dessen Nibelungenprojekt an dieser Stelle nur als Text interessiert. Es war der oft verkannte AUGUST WILHELM SCHLEGEL, der in seiner Vorlesung GESCHICHTE DER ROMANTISCHEN LITERATUR (1803) die Dichter seiner Zeit unter Hinweis auf HOMER und die griechische Tragödie dazu aufforderte, zur Erneuerung der Nationalmythologie «aus dieser einen epischen Tragödie eine Menge enger beschränkte dramatische» (SCHLEGEL 1803, S. 114) zu entwickeln.

Friedrich Hebbel

Neben SCHILLER und GOETHE ist HEBBEL (1813–1863) der bedeutendste Dramatiker des 19. Jahrhunderts; sein Drama DIE NIBELUNGEN (1862) mit dem einaktigen Vorspiel DER GEHÖRNTE SIEGFRIED und den beiden Fünfaktern SIEGFRIEDS TOD und KRIEMHILDS RACHE wird bis heute – wie das NIBELUNGENLIED selbst vielfach ideologisch vereinnahmt – auf deutschen Bühnen gegeben. Das «deutsche Trauerspiel», wie sein Untertitel lautet, reiht sich unter die anderen Historienspiele des Dichters, die israelischen (JUDITH, HERODES UND MARIAMNE), griechischen (GYGES UND SEIN RING) und slawischen (DEMETRIUS).

HEBBEL arbeitete auf der Basis des mittelhochdeutschen Epos, unterlegte sein Werk jedoch mit einer eigenen Mythologie, die sich dem mythologiephilosophischen Entwurf des späteren SCHELLING verdankt (EHRISMANN 1997). HEBBEL hatte SCHELLING, den damals neben HEGEL und SCHOPENHAUER prominentesten Philosophen, in München gehört; dieser entwickelte die verschiedenen Etappen von der mythischen in die geschichtliche Zeit, ein Weg von der «Bewusstlosigkeit» ins «Bewusstsein». In dieses philosophische Muster ordnete der Dichter seine dramatischen Charaktere ein. So kommt Brunhild aus einer dunklen, nur vom Feuer, nicht von der Sonne (= Bewusstsein) erhellten Natur. Sie ist eine Frau voller Visionen und von wunderbarer Schönheit, wie nach SCHELLING der Ursprung voller Schönheit und Wunder ist, und sie zerbricht, chiffriert im Verlust ihrer Virginität, an der Geschichte, dem Hof Gunthers. Siegfried fühlt sich stark zu Kriemhild hingezogen; er ist von der mythischen Welt weniger berührt, wenn er auch noch Umgang mit ihr hat, den Vögeln, dem Drachen, dem Hort, der Tarnkappe. Als er einmal mit einem weiten Steinwurf (s. S. 84) den Turm der Burgmauer zerstört und die Dohlen aufscheucht, die «blind ins Licht hinein» (Vers 413) fliegen, zertrümmert er sinnbildlich die mythische Welt, die HEBBEL zugleich als eine matriarchale inszeniert.

Unbewusst trägt Siegfried mit Hort und Hornhaut, die den Drachen (= Schlange) abbildet, das Böse in die Geschichte, Betrug und Tod. Durch Betrug gewinnt er Kriemhild und schließlich trägt auch er die Schuld an der letzten Schlacht. Ohne dass die Akteure es verhindern könnten, verläuft die Geschichte nach einem eschatologischen Programm, an dessen Ende der Dichter Dietrich in Position bringt. Dietrich weiß den eschatologischen Ort der Schlacht zu deuten: «Das große Rad der Welt / wird umgehängt, vielleicht gar ausgetauscht, / Und keiner weiß, was kommen soll.» (Vers 3568 ff.) Die Schlacht steht für das Ende einer Epoche, auf die nach der Mythologie der Geschichte und der Anlage des Dramas nur die des Geistes folgen kann. Denn bei HEBBEL repräsentiert Etzel die Zeit der Herrschaft Christi, des Sohnes, die geschichtliche Zeit, in der, so dürfen wir uns dies wohl vorstellen, der schwierige und dramatische Übergang vom natur-determinierten zum geist-determinierten Handeln der Menschen erfolgt.

Um diese Konstruktion zu verwirklichen, entwarf HEBBEL einen Etzel, der sich vom Zerstörer der Königreiche zum demütigen Christen gewandelt hat, der also längst kein Heide mehr ist, als er Dietrich die Herrschaft mit den Worten übergibt: «Im

Namen dessen, der am Kreuz erblich!» (Vers 5456) Vor allem
diesen Satz sollten wir vor dem Hintergrund der Philosophie
SCHELLINGS lesen, nach der nach Christi Tod die Herrschaft des
Geistes beginnt. Deshalb überträgt Etzel die Herrschaft nicht
einfach im Namen Christi, sondern im Namen des *gestorbenen*
Christus. HEBBEL, der in seinem VORWORT ZUR «MARIA MAG-
DALENE» die Kunst als «realisirte [!] Philosophie» beschrieb,
übergab den Deutschen also kein christliches Drama. Die Perspektive seines Nibelungenprojekts war wie in seinen anderen
dramatischen Projekten eine welthistorische, die wir nicht ohne
Geschichtsphilosophie – jedoch nicht die HEGELS – zufrieden
stellend auflösen können.

Richard Wagner

WAGNER (1813–1883) orientierte sich, anders als HEBBEL, bei
der dramatischen Gestaltung seines «Bühnenfestspiels» DER
RING DES NIBELUNGEN wie vor ihm nicht wenige romantische
Nibelungenprojekte vor allem an den skandinavischen Erzählungen, die ihm einen weiten mythischen Raum, auch einen
Raum der Götter öffneten (DAHLHAUS 1971, MERTENS 1986,
WAPNEWSKI 1986, MÜLLER/PANAGL 2002); einen Raum, den er
mit der archaisierenden Rhythmik des eddischen Stabreims poetisch gestaltete und höchst kunstvoll durch sich aufeinander be-
ziehende, auseinander hervorgehende musikalische Leitmotive
mit psychologischer und symbolischer Funktion vernetzte. Akteure sind Götter und Halbgötter, lichte und dunkle Wesen zwischen Allmacht und Ohnmacht, die die eigene Schöpfung ruinie-
ren. Kein Nibelungen- und Helden-, sondern ein philosophi-
sches Wotan-Drama über selbstbestimmtes Handeln. Wenig nur
entnahm WAGNER für *seinen* Mythos dem NIBELUNGENLIED; es
war ihm zu zeit- und milieugebunden, er zog das Archetypische
vor, wie er auch in Bezug auf seine anderen Mittelalter-Opern
der Ansicht war, «erst er habe den wesentlichen, den mythischen
Gehalt der mittelalterlichen Geschichten herausgeholt und dar-
gestellt» (MERTENS 1986, S. 19). Vor allem faszinierte ihn natür-
lich die große Schlacht. Eine Szene des Epos, das Zerwürfnis der

Königinnen vor dem Münster (s. S. 49 ff.), arbeitete er übrigens in seinen LOHENGRIN ein, hier auf Elsa und Ortrud übertragen.

In drei Tagen und einem Vorabend sollte der RING, «eine musikalische Kosmogonie, ja ein[] mytische[r] Kosmos», wie THOMAS MANN (1937, S. 137) ihn pries, gegeben werden: DAS RHEINGOLD (1854), DIE WALKÜRE (1856), SIEGFRIED (1871) und GÖTTERDÄMMERUNG (1874); uraufgeführt im August 1876 im neu erbauten Festspielhaus zu Bayreuth. Der Fokus war nicht die Geschichte, sondern, wie WAGNER ihn bezeichnete, der «reine Mensch», den er in Siegfried abbilden wollte. WAGNER, einer jener «genialen Brunnenvergifter», von denen EDWARD M. FORSTER in seinem Roman WIEDERSEHEN IN HOWARDS END sprach, «die alle Gedankenbrunnen auf einmal aufwühlen», konstruierte einen mythischen Kreis vom Anfang und Ende der Welt, in den er «eine große Parabel vom Leben, das seiner Natur nach unschuldig ist und das durch seine Geschichte schuldig wird» (WAPNEWSKI 1986, S. 276), integrierte. Zu seinen philosophischen Gewährsmännern, die immer wieder hinter den Charakteren, namentlich Siegfried, lauern, zählten SCHOPENHAUER (1788–1860; seine Ethik gipfelt in der Erkenntnis, dass Leiden allein durch die bewusste Verneinung des Willens, also durch Entsagung und Askese beendet werden kann), der HEGEL-Kritiker und Religionsphilosoph LUDWIG FEUERBACH (1804–1872) sowie die beiden Theoretiker des Anarchismus MICHAIL BAKUNIN (1814–1876) und PIERRE JOSEPH PROUDHON – von ihm stammt der markante Satz «Eigentum ist Diebstahl».

Mythen nehmen gerne ihren Anfang in der Natur und fallen am Ende wieder in sie zurück. So auch der RING. DAS RHEINGOLD – Alberichs Flüche und die Verblendung der Götter. Um den Rheintöchtern (= die unschuldige Natur) das Gold rauben zu können, muss der Nibelung Alberich, der Repräsentant des Bösen, die Liebe verfluchen; nur so kann er aus dem Gold den Ring schmieden, der ihm «maßlose Macht» (S. 533) verleiht. Wotan, Schöpfergott und Lichtalbe, lässt von den Riesen Fafner (s. S. 24, 27) und Fasolt, zwei Brüder, Walhall als Trutzburg gegen das Böse erbauen, kann aber die beiden Baumeister nicht bezahlen. Zusammen mit Loge listet er deshalb Alberich das Gold

ab, das dieser daraufhin mit einem todbringenden Fluch (vgl.
S. 27) belegt – «Tod dem, der ihn trägt! / Kein Froher soll / seiner
sich freun.» (S. 566) Schon als die beiden Riesen das Gold teilen
wollen, bewahrheitet sich der Fluch; aus Habgier ermordet Fafner den Bruder, verwandelt sich mithilfe der Tarnkappe in einen
Drachen und wacht, ein Sklave des Kapitals, fortan über dem
Schatz. – In trügerischer Pracht erstrahlt Walhall, zu dem die ver-
blendeten Götter lachend auf einer Regenbogenbrücke aufstei-
gen. Wotan fasst den «großen Gedanken» an das Schwert, dessen Motiv das Orchester einspielt. Das Schwert wird der nicht in
Schuld und Verträge verstrickte reine Mensch, der «Freie», führen, um die aus dem Lot geratene Welt zu retten.

DIE WALKÜRE – die Ohnmacht des traurigen Gottes. Im
Heim Hundings, des barbarischen Germanenfürsten, nimmt
dessen Frau Sieglinde den waffenlos fliehenden Siegmund auf.
Die Zwillinge, Wälses (= Wotans) Kinder und seit frühester Jugend getrennt, erkennen sich, Leidenschaft ergreift sie. Hunding
kehrt zurück, der Morgen beendet die Gastfreundschaft. Zu seiner Verteidigung ergreift Siegmund Nothung, das Schwert des
zukünftigen Freien, das einst der unerkannte Wotan während
der Hochzeit Hundings und Sieglindes in den Stamm der Esche
gestoßen hatte. Wotan hatte das Schwert für ihn und den
Kampf gegen das Böse (= Hunding), in dem ihn die Walküre
Brünnhilde, Wotans Lieblingstochter, führen sollte, bestimmt,
aber er hatte den Ehebruch nicht gewollt. Fricka, seine Frau, die
Hüterin der Ehe, klagt «um der Ehe / heiligen Eid, / den hart
verletzten» (S. 605) und verlangt von ihrem Mann, Brünnhilde
den Sieg zu verbieten. Im eigenen Gesetz gefangen, muss er ihr
schweren Herzens folgen – «In eig'ner Fessel / fing ich mich, /
ich Unfreiester Aller [...] Der Traurigste bin ich von Allen!»
(S. 611) – Wotan wünscht sich den Ring, um den Ruin seiner
Schöpfung abzuwehren, doch ist er selbst ja an Fafner durch
Vertrag gebunden – «den Verträgen bin ich nun Knecht»
(S. 614). Nur der freie Held kann freiwillig, ohne göttliche Len-
kung, den Ring zurückholen, aber Wotan erkennt, dass jeder,
den er erschafft, von *seinem* Willen gelenkt sein würde – «denn
selbst muß der Freie sich schaffen / Knechte erknet ich mir nur»

(S. 615). Er sehnt sich nach dem Ende – «Zusammen breche, / was ich gebaut!» (S. 616) Vergeblich begehrt Brünnhilde gegen den Vater auf, Siegmund fällt im Kampf mit Hunding. Brünnhilde rettet die schwangere Sieglinde, die den von Wotan im Zorn mit dem Speer zerbrochenen Nothung bei sich trägt – «den hehrsten Helden der Welt / hegst du, o Weib, / im schirmenden Schoß!» (S. 637) Gequälten Herzens bestraft der Vater die Tochter und bannt sie in einen Flammenwall (s. S. 30), den nur einer durchbrechen kann, der freier ist als er – «Denn einer nur freie die Braut, / der freier als ich, der Gott!» (S. 649)

SIEGFRIED – die Entmachtung des Gottes. Mime der Schmied (s. S. 24), Alberichs Bruder, erzieht den furchtlosen Siegfried. Nur dieser kann, weil er wie der Held des grimmschen Märchens «das Fürchten / nie erfuhr» (S. 680), Nothung neu schmieden. Den Ring begehrend, schickt Mime Siegfried zu Fafner, ihn zu töten. Der Genuss des Blutes vereinigt den Sieger mit dem Wissen der Natur – chiffriert im Gespräch des Vögleins –, das Bad macht ihn fast unverwundbar (s. S. 27). Das neue Wissen führt ihn zum Gold, das er jedoch liegen lässt; er nimmt nur Tarnkappe und Ring. Geschützt ist er auch vor Mimes Giftanschlag. Er tötet den treulosen Erzieher, dann – vom Vöglein hört er erstmals von der Liebe – reitet er zu Brünnhilde – «das herrlichste Weib / auf hohem Felsen sie schläft» (S. 715; s. S. 30): Sie kann nur erwecken, «wer das Fürchten nicht kennt» (S. 716). – Wotan grämt sich nicht mehr um das Ende der Götter, das er will, denn er kann jetzt seinen Plan auf Siegfried, den neuen und schuldlosen Besitzer des Rings, übertragen – «dem ewig Jungen / weicht in Wonne der Gott» (S. 721). An Siegfried, auf Erlösung durch Liebe programmiert, nicht nach Macht und Kapital gierend, «erlahmt» (S. 720) Alberichs Fluch. Der junge Hoffnungsträger belustigt sich freilich rüpelhaft über seinen Urgroßvater Wotan, den er nur als einen behinderten einäugigen Greis wahrnimmt, und konfrontiert dadurch den Gott, dem wohl erst jetzt der Schwund seiner Macht schmerzhaft bewusst wird, sogleich mit den Folgen des eigenen Plans. Der Junge fürchtet den Alten nicht, er erkennt in ihm den Feind seines Vaters und lässt sich nicht von seinem Weg zur schlafenden

Walküre abbringen, deren Erweckung die Entmachtung des Gottes bedeutet – «Dort, wo die Brünste brennen, / zu Brünnhilde muß ich dahin!» (S. 725) Nicht immer wollen uns solche aufdringlichen Stäbe gefallen, über die sich zu mokieren wohlfeile Lust ist, die andererseits, gerade weil sie den germanischen Sprachen eigen sind, einen sehr poetischen Rhythmus erzeugen. Sei's drum: Jetzt zerschlägt das Schwert den Speer und entmachtet den Gott, der Sieger durchbricht den Flammenwall, erweckt die Walküre und erfährt, über die Frau staunend, die Furcht – «Mit banger Furcht / fesselst du mich» (S. 732). Ihre sogleich aufflammende Liebe ist wie die zwischen Tristan und Isolde eine Liebe zum Tod – «leuchtende Liebe, / lachender Tod!» (S. 738) Gleichgültig ist des Vaters Schöpfung – «Fahr hin, Walhalls / leuchtende Welt! [...] Leb wohl, prangende / Götterpracht! [...] Götterdämmerung / dunkle herauf!» (S. 737)

GÖTTERDÄMMERUNG – die Natur kehrt zurück. Wotan, so erzählen die Nornen, lässt die Scheite der gefällten Weltesche um Walhall auftürmen, bereitet sich auf den Flammentod vor – «der ewigen Götter Ende / dämmert ewig da auf» (S. 755), so die Vision der jüngsten Norne. Doch noch ist es nicht so weit. Siegfried verabschiedet sich von Brünnhilde (seiner Tante; doch den Mythos schert's nicht) und schenkt ihr den Ring des Nibelungen. «Zu neuen Taten» (S. 757) drängt es ihn – ein märchenhaftes, kein überzeugendes Argument. Am Hof der Gibichungen (s. S. 15) erliegt er den Intrigen des machtbesessenen Hagen, Alberichs Sohn, der Gutrune (s. S. 30) überredet, dem Gast einen Vergessenstrank zu reichen, der in ihm denn auch sogleich die Leidenschaft zur Spenderin erweckt. Derart seiner Erinnerung und seines Naturwissens beraubt, verbindet er sich mit den Königen durch Blutsbrüderschaft.

Auf anderer, retardierender Szene misslingt es Waltraude, ihrer Halbschwester Brünnhilde den Ring zu nehmen, um ihn dem Rhein zurückzugeben und dadurch die absehbare Katastrophe abzuwehren – «von des Fluches Last / erlöst wär Gott und die Welt!» (S. 773) Brünnhilde jedoch lässt nicht vom Gold – «Denn selig aus ihm / leuchtet mir Siegfrieds Liebe» (S. 775). So wird sie mit Lug und Trug von den Männern «erobert» und ihre Persönlichkeit gebrochen. Dann entdeckt sie an Gutrunes Hand «ihren» Ring. Rasch und falsch verdächtigt Hagen Siegfried des Raubs und Brünnhilde bekennt sich in leidenschaftlicher Erinnerung zur Vermählung mit Siegfried, der abwehrend und naiv seine Unschuld beteuert und damit Tausch und Täuschung auf Brünnhildes Burg aufdeckt: Nothung habe zwischen ihm und Brünnhilde gelegen (s. S. 30). Die Wut der Mannen, die verletzte Ehre Gunthers – Siegfried verkennt den Ernst seiner Lage, spricht von Weibergekeif und eilt zum Fest.

Brünnhilde, Gunther und Hagen – er allein wegen des Rings – beschließen Siegfrieds Tod; Brünnhilde: «Siegfried falle / zur Sühne für sich und euch!» (S. 795) Siegfried sühnt für die Sünden der alten Götter und der Welt – ist Christus. Auf dem Weg zur Jagd weissagen ihm die Rheintöchter den Tod, doch er fürchtet sich nicht (vgl. S. 38). Bei der Rast füllt Hagen ihm das Horn mit einem Trank, der in ihm die Erinnerung an Brünnhildes Erlösung weckt, doch abgelenkt von zwei Raben, kann Hagen ihn ermorden. Alberichs Fluch wirkt weiterhin. Hagen gibt sich Gutrune als Mörder zu erkennen, er erschlägt Gunther, schreckt aber vor dem Raub des Rings an Siegfrieds Hand zurück.

Brünnhilde sind die Augen über die schlechte Inszenierung der Götter geöffnet. Sie vermacht den Ring, den das Feuer vom Fluch reinigen soll, den Rheintöchtern und wirft «den Brand / in Walhalls prangende Burg» (S. 814). Auf ihrem Ross Grane (s. S. 27) sprengt sie mit den Worten «Siegfried! Siegfried! Sieh! / Selig grüßt dich dein Weib» auf den Scheiterhaufen, um mit dem Geliebten zu verbrennen. Der Rhein tritt über die Ufer, seine Töchter schwimmen herbei, blind springt Hagen mit dem Ruf «Zurück vom Ring!» – die letzten mahnenden Worte des Dramas – nach dem Gold, und die Nixen ziehen ihn in die Tiefe. Jubelnd hält Floßhilde den Ring in die Höhe. Der mythische Kreis ist mit dem Rückfall in die Natur geschlossen.

Ergriffen sehen die Männer und Frauen, wie in der Ferne Walhall in Flammen aufgeht, in dessen Saal sich die Götter und Helden versammelt haben. Der Kampf zwischen Licht- und Schwarzalben, den wohl Alberich, aber nicht sein Sohn, überlebt, geht zu Ende. Das Orchester intoniert eine rückblendende

Motivsequenz, die im Gesang der Rheintöchter und dem Motiv der Erlösung endet. Dieser Schluss zitiert den eddischen Mythos vom Geschick der Götter, wie er uns in DER SEHERIN GESICHT überliefert ist. Nach dem Untergang der Götter, so die dortige Vision, ergrünt die Erde neu. Wagners Zyklus – strittig ist er zu lesen; philosophisch und tiefenpsychologisch ist er abzuarbeiten; die Logik seiner Handlung wird von der Logik der nordischen Nibelungenprojekte durchkreuzt und ist deshalb nicht immer nachzuvollziehen; verschwommen ist das vom Künstler mehrfach überdachte Ende – haben die Überlebenden Zeichencharakter? Welchen? Das monumentale Drama über die reinigende Kraft des Feuers entfaltet sich als ein tief melancholischer Zyklus über das Scheitern von Freiheit, eingeschlossen die Kritik des Goldes (des Kapitals, der Macht) und die leidenschaftliche Feier der Liebe. Es ist ein Drama vom freiwilligen Rückzug der Götter von und aus den Menschen, und es spiegelt damit wohl auch die wirkliche Entthronung Gottes in der Geschichte der Menschheit, die in des Philosophen FICHTE (1762–1814) «Selbstsetzung» des «absoluten Ichs» kulminierte.

Zum Schluss die Stimme von THOMAS MANN: «Um seelische Ur-Poesie, das Erste und Einfachste, das Vor-Konventionelle, Vor-Gesellschaftliche geht es allein in Wagners Welt und Werk, und nur dies scheint ihm überhaupt für die Kunst geeignet. Sein Werk ist der deutsche Beitrag zur Monumental-Kunst des 19. Jahrhunderts, die bei anderen Nationen vorzüglich in der Gestalt der großen sozialen Romandichtung erscheint.» (MANN 1937, S. 148)

Das Nationalepos

Es waren Romantiker, die dem NIBELUNGENLIED den Begriff des deutschen Nationalepos anhefteten (BRACKERT 1971, VON SEE 1994, HÄRD 1996). Um die Mitte des 18. Jahrhunderts, präzise am 28. Juni 1755, war der Text (Handschrift C) in der Bibliothek der Grafen von Hohenems in Vorarlberg aufgefunden und alsbald von einem der Literaturpäpste jener Zeit, dem Züricher JOHANN JAKOB BODMER (1698–1783), einem Prototyp des aufstrebenden Bildungsbürgertums, in die Nähe der homerischen

ILIAS, dem Nationalepos der Griechen, gerückt worden. Interessierte Kreise aus Bürgertum und Kleinadel hatten im Rahmen eines neuen, durch den Siebenjährigen Krieg (1756–1763) gestärkten Patriotismus die Debatte über die Kulturnation eröffnet, eine Suche nach nationaler Identität in den Jahren französischer Kulturhoheit. Ein fundierender Text, so lässt sich einer kleinen Schrift HERDERS aus dem Jahre 1777 entnehmen, der noch nicht an das NIBELUNGENLIED dachte, könnte von dem Trauma einer ewig nur nachahmenden Kulturnation befreien. Zwar stehe HOMER, so schrieb der Schweizer Historiker JOHANNES (VON) MÜLLER, über dem Dichter des NIBELUNGENLIEDES wie Jupiter über dem Zwerg Alberich, aber in einer guten Bearbeitung könnte «der Nibelungen Lied [...] die Teutsche Ilias werden» (s. EHRISMANN 2002, S. 171).

AUGUST WILHELM SCHLEGEL (1803, S. 109 f.) nahm vor dem Hintergrund des romantischen Diskurses über eine Neue Mythologie den Ball auf. In seiner Monumentalität dürfe sich «das Lied der Nibelungen kühnlich mit der Ilias messen, ich würde sagen, es tut es ihr zuvor». Schon zur Zeit der Völkerwanderung sei der «deutsche Nationalcharakter», der sich in den Charakteren des Epos ausdrücke, ausgebildet gewesen. «Deutsch», dies ist in der Tradition der humanistischen Geschichtsschreibung «germanisch»; die Gleichsetzung insinuierte noch nicht jenes spätere Programm, wonach die alten Völker auch politisch wieder zu einen seien.

JACOB GRIMM (1785–1863) sprach, als er im Heidelberger NEUEN LITERARISCHEN ANZEIGER 1807 (S. 225 ff.) debütierte, «von der Vortrefflichkeit dieses NationalEpos, das in der ganzen modernen Literatur ohne Beispiel ist». Stolz war er, dass «in Teutschland, ehe noch die französischen RitterGedichte bekannt und nachgeahmt wurden, die Poesie selbständig, und frei von fremden Bestimmungen, in eigenthümlicher Schönheit geblüht». Zwar ist die aktuelle kulturpolitische Invektive nicht zu überhören, dennoch bindet Grimm den Begriff des «National-Epos» in jene – darf man sie schon so nennen? – ästhetische Theorie ein, die von dem an den biblischen Mythen entwickelten Volksbegriff HERDERS ihren Ausgang nahm und in die ro-

mantische Naturphilosophie mündete. Danach sind die Völker
(= Nationen) die Träger der von Gott gelenkten Geschichte, und
jedes Volk besitzt seine eigene, zu bewahrende Identität, seinen
«Charakter», der sich in Sprache und Dichtung, in seinen Lie-
dern und Mythen, seinen Sagen und Märchen offenbart. So
kann Grimm das mittelhochdeutsche Epos zu den «National-
Gedichten», die «dem ganzen Volke zugehören» und in denen
«alles subjective zurücksteht», zählen.

Das Wort vom Nationalepos ließ sich zwischen Ästhetik und
Politik hin und her bewegen – verführerisch in jenen Jahren, als
die deutsche Kaiserwürde erlosch und das Heilige Römische
Reich formell zu Ende ging; als die preußischen Truppen durch
die Heere NAPOLEONS bei Jena und Auerstedt (1806) sowie bei
Preußisch-Eylau (1807) vernichtend geschlagen wurden. Von
der Ambivalenz des Begriffs machte FRIEDRICH HEINRICH VON
DER HAGEN (1780–1856) ausgiebig Gebrauch. Er war Jurist wie
die Brüder GRIMM und Inhaber des ersten Lehrstuhls für Deutsche Altertumskunde in Berlin, wurde aber bald vom germanisti-
schen *mainstream* abgedrängt. In seiner Widmung an JOHANNES
VON MÜLLER, die er einer Übertragung des NIBELUNGENLIEDES
(1807) voranstellte, pries er, an die republikanischen Tugenden
des alten Roms erinnernd, die deutschen Tugenden, die von den
Charakteren des Epos verkörpert würden – «Gastlichkeit, Bie-
derkeit, Redlichkeit, Treue und Freundschaft bis in den Tod,
Menschlichkeit, Milde und Großmuth in des Kampfes Noth,
Heldensinn, unerschütterlicher Standmuth, übermenschliche
Tapferkeit, Kühnheit, und willige Opferung für Ehre, Pflicht und
Recht». Diese Tugenden seien mit dem *Furor Teutonicus* ver-
schlungen, «den wilden Leidenschaften und düstern Gewalten
der Rache, des Zornes, des Grimmes, der Wuth und der grausen
Todeslust». Solche Verschlingung erfülle uns zwar mit Trauer,
schenke uns jedoch zugleich Trost und Stärke. Uns «in das Un-
abwendliche» ergebend, bewahrten wir doch zugleich «Muth zu
Wort und That, mit Stolz und Vertrauen auf Vaterland und Volk,
mit Hoffnung auf dereinstige Wiederkehr Deutscher Glorie und
Weltherrlichkeit». Wir befinden uns im französisch besetzten
Berlin, der Philosoph FICHTE hält 1807/08 an der Universität

seine viel beachteten Reden an die deutsche Nation, in denen er
das Programm einer «deutschen Nationalerziehung» zur Erweckung der «gesunknen Nation» entwirft (FICHTE 1808, S. 19,
24). Die vollmundigen patriotischen Worte VON DER HAGENS
fügen sich diesem Klima der nationalen Erhebung und Refor-
men, die sich ja nicht nur gegen die französische Besatzung, sondern auch gegen das System des Alten Reiches richteten. Schließlich hatte VON DER HAGEN von «republikanischen» Tugenden
gesprochen, und FICHTE war Anhänger der Prinzipien der Französischen Revolution gewesen.

Mutige Worte in schwerer Zeit. Die Erzieher der Nation
horchten auf und versuchten im Rahmen einer seriösen Etablierung des Deutschunterrichts das NIBELUNGENLIED in den Schulen einzuführen, eifrig befehdet von den politischen Reaktionä-
ren und von den Lehrern der antiken Sprachen, die ihre jahr-
hundertealten Pfründe schwinden sahen. Auch SCHLEGEL, VON
DER HAGENS geistiger Mentor, verschloss sich dem neuen Trend
nicht und forderte: «Dieß Heldengedicht muß in allen Schulen,
die sich nicht kümmerlich auf den nothdürftigsten Unterricht
einschränken, gelesen und erklärt werden. Es muß nächst dem
ehrwürdigsten aller Bücher, den heiligen Urkunden [...] wieder
ein Hauptbuch bey der Erziehung der deutschen Jugend werden.» (SCHLEGEL 1912, S. 20)

Nach der Niederlage NAPOLEONS und der Neuaufteilung
Europas durch den Wiener Kongress (1814/15) sowie den Karls-
bader Beschlüssen (1819) richtete sich die politische Reaktion
komfortabel ein und unterdrückte, wo sie nur konnte, das zarte
nationalpolitische Pflänzchen, in dessen Schatten sich die Freunde des NIBELUNGENLIEDES eingerichtet hatten, auch die Revolu-
tionsromantiker und Terroristen wie die Gießener «Schwarzen»
oder der Mörder des gefeierten Dichters und Gegners der Bur-
schenschaften AUGUST VON KOTZEBUE (1761–1819), KARL
LUDWIG SAND. Hatte sich KOTZEBUE über den «einfältigen
Tropf» Siegfried lustig gemacht und Hagen der «niedrigsten Ver-
worfenheit» bezichtigt, so feierten die radikalen Studenten Siegfried als den Helden der Freiheit, Hagen als den, der den politischen Mord legitimierte (s. EHRISMANN 2002, S. 179 f.).

Die Professoren zogen sich auf die Philologie zurück, manche auch auf christlich-mythologische Deutungen des Epos. Die Künstler arrangierten sich – SCHNORR VON CAROLSFELDS monumentaler Nibelungenzyklus (1831–1867) in der Münchener Residenz in der Tradition der Nazareener (SCHULTE-WÜLWER 1980, S. 83 ff.) diente dem Monarchen wie auch, so revolutionär sein Potenzial angelegt sein mochte, WAGNERS monumentales Werk. Viele Stimmen könnten wir aus der Patriotismusdebatte des 19. Jahrhunderts zitieren, die das NIBELUNGENLIED als Nationalepos auch dem neuen Reich, das sich unter BISMARCK einte, empfahlen. Wir beschränken uns auf den gefeierten Übersetzer des Epos, KARL SIMROCK, Professor im preußischen Bonn. «Nicht früh genug», so schrieb er im Vorwort zu seiner Ausgabe von WALTHER VON DER VOGELWEIDE (1870), könnten NIBELUNGENLIED und WALTHER der Jugend bekannt werden; nichts sei «geeigneter, unser erstorbenes Vaterlandsgefühl wieder ins Leben zu rufen [...] Das ist Feld- und Zeltpoesie, damit kann man Armeen aus der Erde stampfen, wenn es den Verwüstern des Reichs, den gallischen Mordbrennern, der römischen Anmaßung zu wehren gilt.» Wir befinden uns nicht nur im Krieg gegen den französischen Nachbarn, sondern auch in der publizistischen Polemik gegen das italienische Risorgimento, das sich auf die tirolischen Alpenländer richtete.

Die Schulen, wie konnte es anders sein, blieben hart umkämpft. Die politischen und ideologischen Vorentscheidungen erschwerten eine rationale Diskussion innerhalb der sich reich entfaltenden Publizistik erheblich. Um die Jahre der 1840er Aufstände gestanden einige Bundesstaaten zu, das NIBELUNGENLIED im Unterricht zu behandeln, doch das führende Preußen folgte erst 1867. Schon knapp anderthalb Jahrzehnte später, in den Lehrplänen von 1882, wurde die positive Entscheidung wieder zurückgenommen. Der wachsenden Industrialisierung nach der Gründerzeit begannen übrigens auch die klassischen Sprachen zum Opfer zu fallen. Wir finden eine ähnliche Lage wie heute vor: Die staatlichen Organe verschlossen sich vor dem populär werdenden Mittelalter – denken wir nur an die nibelungische Aufrüstung der Stadt Worms (s. S. 85).

Das kaiserliche Machtwort – «Wir sollen nationale Deutsche erziehen und nicht junge Griechen und Römer» (s. GRESS 1971, S. 81) – half dem NIBELUNGENLIED auch in der Schule wieder auf die Beine. Als WILHELM II. 1889 das neue Spiel- und Fest-haus in Worms besuchte, feierte er das Epos als «die Perle aller deutschen Dichtungen» (s. EHRISMANN 2005/1). 1892 hielt es wieder Einzug in den Schulen Preußens; ein Jahrzehnt später mit der verschärften Forderung, auch das Original zu lesen.

Nach dem Weltkrieg geriet das «Nationalepos» in den Sog der neuen, rassistisch ausgerichteten Germanen-Ideologie, die auch die HEBBEL- und WAGNER-Rezeption ergriff und die im späteren 19. Jahrhundert verwurzelt war. Siegfried und Hagen hatten als mythische Ikonen Konjunktur. Mit der Republik söhnten sich die Nibelungen, deren Geschick man mit der populären, von der Generalität in die Welt gesetzten «Dolchstoßlegende» verband, nicht aus. «Der kämpfende Siegfried», so ADOLF HITLER, der den Text sicherlich nicht mehr genau in Erinnerung hatte, in MEIN KAMPF, sei «dem hinterhältigen Dolchstoß» der Politiker in der Heimat erlegen.

Aus den vielen Texten greifen wir nur zwei heraus. Der erste, HAGEN (1921) von BÖRRIES VON MÜNCHHAUSEN (gest. 1945), steht für das trotzige Dennoch des Tronjers (= der Deutschen):

Hagen sag, was bleibt uns denn heut:
Ohne Führer das heilige Volk,
Tot die Helden, und hoffnungslos
Deutsches Geschick an Fremde versklavt!?

‹Als ich zu Ofen in Etzelen-Burg
Lag am Tage nach Sommersonnwend,
Tot mein König und jeder Freund,
Und mein Schwert in der Feindin Hand,
Vor mir schmählichster Weiber-Tod, –
War mein letztes Wort doch ein Fluch,
War mein letzter Schatz doch mein Stolz!›
                              (s. WUNDERLICH 1977, S. 75)

In einer Zeit kollektiver Depression dient, wie schon in den Jahren der früheren Romantik, das «Nationalepos» als wohlfeiles Schibboleth für die Sehnsucht nach nationaler Ehre und Wiederaufrichtung.

Josef Weinheber zitiert die zweite Ikone, Siegfried, den leidenden Helden; jetzt ist Hagen nicht mehr der Getreue, wie bei v. Münchhausen, sondern der Meuchelmörder. Selbstkritik ja, jedoch im Sinne der Restauration und gegen die junge Republik:

Held mit blonden Haaren
und mit schwerem Schwert:
Wir waren, ach, wir waren
deiner Tat nicht wert.

Mannhaft vor dem Feinde,
fallend, doch opfergroß:
So nicht! Im Schoß der Freunde
fiel uns das schwere Los.

Wir schlugen uns selbst zu Stücken,
Ehrgier, Wurmgift, Neid.
Gegen den Speer im Rücken
ist keiner gefeit.

Immer ersteht dem lichten
Siegfried ein Tronje im Nu.
Weh, wie wir uns vernichten
und das Reich dazu.   (s. Wunderlich 1977, S. 73)

Deutschland ist Nibelungenland, die «Nibelungentreue», die Reichskanzler Fürst von Bülow am 29. März 1909 in einer Rede vor dem Reichstag für das Verhältnis zwischen dem Reich und Österreich-Ungarn in Anspruch genommen hatte, ist die oberste Tugend der Deutschen – eine rückwärtsgewandte, gemeinschaftsstiftende Ideologie, geeignet, die sozialen und politischen Gegensätze im Volk zu verkleistern.

Diesem Ziel diente auch der Nibelungenfilm, den Fritz Lang nach einer Romanvorlage seiner Frau Thea von Harbou (Das Nibelungenbuch, München 1923; s. Storch 1987, S. 96 f.) in

den Jahren 1921–23 im Rahmen der DECLA-UFA produzierte.
THEA V. HARBOU sprach vom «geistigen Heiligtum einer Nation», vom «Hohelied von bedingungsloser Treue». Anders als
EDDA oder NIBELUNGENLIED, die für eine «ganz geringe Anzahl
bevorzugter und kultivierter Gehirne» gemacht worden seien,
sollte der Film, schrieb LANG in einem Begleitheftchen für Kino-
besitzer, «dem deutschen Volke» gehören. Er würde «die Welt
des Mythos für das 20. Jahrhundert wieder lebendig» machen.
LANG schuf einen Filmklassiker, in dem er die technischen Möglichkeiten des jungen Mediums genial nutzte. Sein Ziel, das
Gesetz «einer unerbittlichen Folgerichtigkeit» zu visualisieren,
erreichte er unter anderem durch eine strenge, dem Jugendstil
abgeschaute Ornamentik der Kostüme und monumentaler Ku-
lissen. Kriemhild war der Naumburger Uta, Siegfried dem Bam-
berger Reiter nachempfunden. Die Gruft des Helden mit ihrem
gewaltigen Steinsarkophag wurde ein Vorbild für nationalsozialistische Grab- und Weihestätten. Ist Faschismus dem Film auch
nicht eingeschrieben, so ist doch der zeitgenössische Rassismus
im Gegenüber der schönen Germanen und hässlichen, rattenglei-
chen Hunnen unverkennbar.

Die Nivellierung der Klassen verfolgte auch der nationalsozialistische Kult von Führer und Gefolgschaft und dem – schon
antiken – *pro patria mori* (‹Sterben für das Vaterland›); fleißig,
wenn auch nicht einhellig, unterstützt von der pädagogischen
Klasse: «Die Entscheidung ist gefallen, unser Schicksal hat sich
enthüllt, die Nacht ist von uns gewichen, und wie wir uns in der
Helle umsehen, wissen wir: eine neue Epoche der deutschen Geschichte ist angebrochen – und uns ist die Gnade zuteil geworden, dabei zu sein.» – jubelte der renommierte GOETHE-Forscher
HERMANN AUGUST KORFF 1933 in der ZEITSCHRIFT FÜR
DEUTSCHKUNDE (S. 341) anlässlich der so genannten «Machtergreifung» HITLERS.

Erst sehr spät wurde der eine oder andere nachdenklich, ob es
denn gerechtfertigt sei, das mittelhochdeutsche Epos wirklich als
ein Nationalepos zu feiern. HANS NAUMANN, der hoch angese-
ne Volkskundler und Germanist, der idealistische Verehrer HIT-
LERS, den er als einen «germanischen Staatsführer» pries, ein

Verächter der Demokratie (SCHIRRMACHER 1992, EHRISMANN 1999/2) – er schrieb im Kriegsjahr 1942: «Aber gerade angesichts der überreichen Todesernte dieser Dichtung, die mit einem hoffnungslosen Massentode alles germanischen Kriegsvolkes endet [...] erwacht doch wohl unser Widerspruch [...] Wenn wir so nun, schmerzlich bewegt und nur sehr zögernd dem ‹Nibelungenlied› den Charakter [...] unser Nationalepos zu sein, absprechen müssen, [dann] hauptsächlich aus dem Grunde, weil es doch die tragischste Dichtung ist, die es überhaupt auf Gottes Erdboden gibt, wir uns aber einfach weigern, die Geschichte unseres Volkes demgemäß zu begreifen oder zu deuten.» Ein Nationalepos brauche «jenen lichten Ausblick [...], den doch sogar die Tragik des altgermanischen Mythos mit dem Ausblick auf die neue Erde und die Wiederkehr Balders uns nicht vorenthält.» Die mythenfähige Lichtgestalt ist HITLER: «Im Dritten [Reich] wird gewiß die erlösende Stunde schlagen, es besitzt ja bereits in dem einzigen Manne und in der Geschichte seiner Erscheinung ein Nationalepos urältester Struktur [...], man brauchte es nur in Verse zu gießen.» (NAUMANN 1942, S. 54 ff.)

NAUMANN wusste noch nichts von der Schlacht um Stalingrad, die von November 1942 bis Februar 1943 tobte. Am 30. Januar 1943 hielt GÖRING zur Erinnerung an das 10-jährige Jubiläum der «Machtergreifung» eine vom Rundfunk übertragene Rede (KRÜGER 1991), in der er die schon sichere Kapitulation des Heeres mit den Mythen von den Nibelungen und von LEONIDAS dem Spartaner verschleierte. «Wir kennen», rief er den Soldaten zu, «ein gewaltiges, heroisches Lied von einem Kampf ohnegleichen, das hieß ‹Der Kampf der Nibelungen›. Auch sie standen in einer Halle von Feuer und Brand und löschten den Durst mit eigenem Blut – aber kämpften und kämpften bis zum letzten. Ein solcher Kampf tobt heute dort [in Stalingrad], und jeder Deutsche noch in tausend Jahren muß mit heiligen Schauern das Wort Stalingrad aussprechen und sich erinnern, daß dort Deutschland letzten Endes doch den Stempel zum Endsieg gesetzt hat.» Die Erinnerung an den Mythos ist zugleich die Vision einer schöneren Zukunft, denn, dies die Gedankenführung des Redners, die große Schlacht beweist die Kraft

des Gesetzes *pro patria mori*, damit auch den Siegeswillen und –
im Mythos belegt – den Sieg des Volkes. Mit seinen dreihundert
Spartanern verteidigte LEONIDAS sein Land gegen die gewaltige
Übermacht des XERXES – «Auch damals war es ein Ansturm aus
dem asiatischen Osten, der sich hier an nordischen Menschen
brach.» LEONIDAS fiel für das Gesetz, für Sicherheit und Leben
seines Volkes, aber eben nicht umsonst, denn später siegten die
Griechen (die GÖRING flugs zu nordischen Menschen erhebt).

Die Gegenwart

Nach 1945 hatte das NIBELUNGENLIED als Nationalepos aus-
gespielt. Das durch die RING-Rezeption und den nationalsozia-
listischen Germanenkult überreizte Nibelungenthema füllte
außerhalb des Wissenschaftsbetriebs nur eine sehr kleine Rand-
nische, in der Pop-Kultur etwa durch den Comic SIGURD DER
RITTERLICHE HELD, im Drama unter anderem durch Texte von
WILHELM H. SCHÄFER (1948), REINHOLD SCHNEIDER (1951)
und MAX MELL (1952), im Roman durch Texte von MARTIN
BEHEIM-SCHWARZBACH (DER STERN VON BURGUND, 1961) und
JOACHIM FERNAU (DISTELN FÜR HAGEN, 1966). Seit den ausgehenden Sechzigerjahren wurde das Epos auch allmählich aus
den Schulen genommen (EHRISMANN/HARDT 2003).

Die Rückkehr erfolgte, nachdem auch die Germanistik seit
den ausgehenden Sechzigerjahren im Rahmen der damals aktuellen Ideologiekritik mit ihrer «Nibelungengeschichte» ins Gericht ging (BRACKERT 1971, EHRISMANN 1975/1), auf zwei
Ebenen, der kritischen WAGNER-Rezeption und der seit den ausgehenden Siebzigerjahren im Rahmen der neuen Mittelalterlichkeit aufblühenden Fantasy-Kultur, die heute jenen Mythenbe-
darf abdecken hilft, der immer entsteht, wenn die Menschen aus
geborgenen Verhältnissen herausgerissen werden. Zur kritischen WAGNER-Rezeption zählen – nehmen wir die Karikaturen,
die den Künstler schon immer begleitet haben, heraus – vor allem die beeindruckenden, zum Teil auch schockierenden Bilder
von RAINER HARTMETZ, EDWARD KIENHOLZ, ANSELM KIEFER
und SALOMÉ (KIMPEL/WERCKMEISTER 1991, STORCH 1987).

Es gibt zwar recht viele, jedoch wenig auffällige Texte in verschiedenen Medien. Drei der jüngeren wollen wir kurz näher betrachten: Das Drama DIE NIBELUNGEN von MORITZ RINKE (2002), den «historischen» Roman SIEGFRIED UND KRIEMHILD von JÜRGEN LODEMANN (2002) und den Roman DER RING DER NIBELUNGEN des wohl erfolgreichsten deutschen Fantasy-Autors WOLFGANG HOHLBEIN (2004, in Zusammenarbeit mit TORSTEN DEWI). RINKES Stück wurde am 17. August 2002 vor der Südfassade des Wormser Domes uraufgeführt, ein Pop-Schauspiel, das den Nibelungenmythos ohne Heroik, Pathos und Nationalkitsch fortschreibt, ohne Bezugnahme auf faschistische und sozialistische Vereinnahmungen, und zwar im besten Sinne respektlos – auch, wie schon HEBBELS Stück, gegen die eingeschliffene Schul-Sprache. Es hat die gedankenschwere christliche und links-kritische Nibelungenrezeption der Nachkriegsjahre verlassen und ist trotzdem, vielmehr gerade deshalb, ein hintergründiges Stück geworden. In der metaphorischen Rede RINKES, den filmkritischen Diskurs von FRITZ LANG aufnehmend, der den Zwang von Kino und Theater zur Gegenwärtigkeit reflektiert: «Ich habe die Nibelungen auf den Asphalt gestellt.» (RINKE 2002, S. 119) Brünhild organisiert die Ermordung Siegfrieds, Kriemhild wird «ihre» Rache zugestanden, Gunther dagegen verliert jegliche Gestaltungskraft. Hier kommt die Interpretationsgeschichte vom verkannten König (s. S. 61 ff.) an ihr Ende. Die beiden großen Frauen überleben, jedoch ohne eine utopische Perspektive – ein moderner, im Übrigen mehrfach auf den nordischen Mythos zurückgreifender Entwurf gegen die alten Nibelungendramen.

LODEMANN rekonstruiert das Nibelungengeschehen auf der Basis des NIBELUNGENLIEDES in dem ihm angemessenen europäischen Rahmen. Er tut so, als gehe sein Buch auf eine Chronik aus der Frühzeit Europas zurück, dem Ende der Völkerwanderung und der Geburtsstunde der europäischen Staatengemeinschaft. Gewaltsam bringt er Sage und Geschichte zur Deckung. Auf vier Ebenen läuft das Spiel vom Ursprung der Deutschen ab (ein fulminantes Sprachspiel übrigens): Die Urschrift aus dem 5. Jahrhundert, volkssprachlich und teilweise lateinisch verfasst von Giselher, überträgt Mönch Kilian in einer Zelle in den Vogesen ins irische Keltisch; im 19. Jahrhundert übersetzt John Schatzman dieses Werk kongenial ins Englische; die letzte, deutsche, Übersetzung spickt den Text mit einer Fülle rot gedruckter Lesehilfen. Die Illusion von Authentizität ist perfekt. LODEMANN holt den vernünftigen, intelligent handelnden Siegfried des Mittelalters zurück, der an seiner Spontaneität scheitert. Er entwickelt ihn darüber hinaus zum Freund der «kleinen Leute», wie man gerne die weniger Privilegierten nennt. Schlecht schneidet die römische Kirche ab, die Unterdrückerin des naturhaften Heidentums und des lebensbejahenden frühen Christentums. Dies liegt freilich im Trend des neueren Mittelalter-Romans. Nicht jedoch, und dies macht SIEGFRIED UND KRIEMHILD auffällig, die Botschaft der Aufklärung. Mit seinem Mönch Kilian streitet der Autor für die Freiheit der Völker und für ein menschenwürdiges Dasein, in dem die Harmonie zwischen Kopf und Bauch gelingt.

Die literarische Fantastik begann im 18. Jahrhundert aufzublühen (Stichwort: Schauerroman) und verstand sich als Bewegung gegen die Aufklärung und deren «vernünftiges» Menschenbild. Sie arbeitet mit der Angst vor finsteren Mächten, Gespenstern, Teufeln, Vampiren und anderen Schrecken erregenden Wesen. Die *Heroic Fantasy* oder *Sword Sorcery*, der DER RING DER NIBELUNGEN zuzuordnen ist, durchbricht die Gesetze von Natur und Alltagserfahrung und arbeitet, wenn auch in geringem Maße, mit Elementen aus der Anderswelt. Gerne spielt sie wie die Fornaldarsögur des Nordens in ferner Vergangenheit, wobei sie jedoch die fernen Räume nicht als eigene Geschichte, sondern nur als eine exotische Staffage versteht. Schwarze Magie (*sorcery*) und Menschen vernichtende Ungeheuer sind in dieser nach Gut und Böse geteilten Welt an der Tagesordnung, und der strahlende Held, mit dem wir uns als Lesende, unsere eigenen Schwächen kompensierend, die Wirklichkeit verlassend, vereinen, schwingt das Schwert (*sword*), gegen welches Ungeheuer auch immer. CONAN DER BARBAR aus den Zwanzigerjahren des vorigen Jahrhunderts ist der ungekrönte König dieses in den letzten Jahrzehnten aufblühenden Genres, in dem WOLFGANG

HOHLBEIN seit Jahren professionell wildert und in das er auch Siegfried auf der Grundlage verschiedenster Nibelungenprojekte ohne Schwierigkeiten einbringen kann. Die Anderswelt liegt in Odins Wald (= Odenwald), auch «Nibelungenwald» genannt, in dem neben den als Zombies auftretenden Nibelungen, die Siegfried vor dem Gold warnen, Regin und Fafnir hausen. Die «Walküre» schläft nicht, sondern stürmt wild kämpfend in Odins Wald auf Siegfried los, dem sie dann mythengerecht unterliegt. Nothung, das magische Schwert, vereint in heftigem Zweikampf seine Kraft mit der seines Herrn, den es manchmal sogar führt; bei Siegfrieds Tod zerfällt es von selbst. Wir brauchen keine weiteren Details. Die moderne Fantasy, Schrecken jedes Historikers, heutzutage jedoch legitime Arbeiterin am Mythos, bewahrt und verdichtet in der Tradition des Schauerromans das Unheimliche und reduziert auf der anderen Seite das Liebliche und die Weisheit – nur Raben, keine Kleiber (s. S. 27), die einst Siegfried den Weg zur Walküre wiesen. Nicht anders übrigens der aufwändig gedrehte gleichnamige Film, der im November 2004 ausgestrahlt wurde, mit seinem fulminanten, sehr kreativen Schluss, der denn doch – man mag dazu stehen wie man will – Bild-schön zeigt, dass der Mythos lebt: Hagen, der Goldgierige, tötet seinen König, Brunhild, wieder im Besitz des Kraftgürtels, tötet Hagen; auf dem Rhein treibt das Schiff, auf dem Siegfried nach altem Ritus verbrennt, Brunhild stürzt sich in die Flammen – die alten Götter sind tot.

Der Mythos lebt, sehen wir es gelassen, auch auf der hohen Bühne – WAGNER, HEBBEL, RINKE –, auch in der Belletristik – nennen wir unter den interessanteren Romanen nur die Namen DIANA L. PAXSON, STEPHAN GRUNDY, HELMUT W. PESCH, ARMIN AYREN und SABINA TROOGER. Im Kinder- und Jugendbuch begegnen uns Namen wie AUGUSTE LECHNER, GERTRUD KARG-BEBENBURG, MICHAEL KÖHLMEIER, WILLI FÄHRMANN, UTA CLAUS und ROLF KUTSCHERA; der ECON-TASCHENBUCHVERLAG hat sechs Fantasy-Romane unter dem Titel DIE NIBELUNGEN publiziert. HANS FISCHACH erzählt DA SIGI, SEI DRACHA UND DE VON BURGUND bayerisch, DIETER SCHNEIDER DIE NIWELUNGE hessisch; der JULE VERLAG schickt die Familie auf NIBELUNGEN-

SCHATZSUCHE. Auf der kleinen Bühne erleben wir SIEGFRIEDS
NIBELUNGENENTZÜNDUNG (Darmstädter KIKERIKI THEATER),
die NIBELUNGEN VON MARC POMMERENING (Marburg), dessen
(Anti)Held Siegfrid auf dem Fahrrad daherkommt, oder das
GERMANICAL SIEGFRIED. GÖTTERSCHWEISS UND HELDENBLUT
(LIEGL, TAUCHEN, ROTHMÜLLER, München). Viele andere Meta-
morphosen hat der Mythos, zu Worms sogar museal geworden
(s. S. 86), in den vergangenen Jahrzehnten durchlaufen, und wir
sind sicher, dass ihm noch viele bevorstehen. Denn Rache und
Liebe, Tod und Frauenpower, Politik und Moral – diese Themen
bewegen uns alle. Durch ihre Erinnerungsgeschichte wurden die
alten mæren ein nicht unbedeutender Teil unserer nationalen
Geschichte, die, wie schon die ältesten Nibelungenprojekte zeigen, europäisch ausgerichtet ist.

X. Stichpunkte

Zur schnellen Information: The Nibelungen Tradition. An Encyclopedia. Hrsg. von Francis G. Gentry, Winder McConnell, Ulrich Müller, Werner Wunderlich. New York, London 2002; Michael CURSCHMANN: Nibelungenlied und Klage. In: Verfasserlexikon. Bd. 6. Berlin 1987, Sp. 926–969; Werner HOFFMANN: Das Nibelungenlied. Stuttgart, Weimar ^{6}1992 (= Sammlung Metzler, 7).

Zu Terminologie, Textgestaltung und Aussprache

Den Dichter/Autor des NIBELUNGENLIEDES nenne ich am liebsten neutral den Epiker, doch benutze ich auch die anderen Begriffe; die schwierige und für einen Text um 1200 nicht wirklich zufrieden stellend zu lösende Differenzierung zwischen dem Dichter und dem von ihm fingierten Erzähler ist zwar methodologisch vernünftig, jedoch für Texte um 1200 voller Fußangeln, und sie soll deshalb im vorliegenden Band terminologisch keine Rolle spielen. – Die mittelalterlichen Namen der epischen Texte werden in der Regel modernisiert, bei ihrer ersten Nennung steht die ältere Sprachform kursiv in Klammern, wenn sie sich von der gegenwärtigen unterscheidet. – Werktitel und Autorennamen werden in Kapitälchen gesetzt; kursiv stehen fremdsprachliche, namentlich mittelhochdeutsche Wörter, gelegentlich auch im Satzspiegel hervorgehobene. – Übersetzungen werden in einfache Anführungsstriche gesetzt. – Mittelhochdeutsches ist, wenn es nicht unmittelbar verständlich ist, übersetzt.

Zur Aussprache des Mittelhochdeutschen: Vokale, die einen Apex (^) tragen, sind lang zu sprechen, ebenso die Umlaute æ (ä), œ (ö) und iu (ü); alle übrigen Vokale sind kurz; Diphthonge (ei, ou, ie, uo) und Umlaute (öu [auch: eu, öi] und üe) sind als zwei Laute mit fallender Betonung zu sprechen. – iu ist als ü wiederzugeben, z am Beginn eines Wortes und nach Konsonanten als ts, sonst gewöhnlich als stimmloser Reibelaut (ß, ss). – h kann am Beginn und im Innern eines Wortes zwischen Vokalen als Hauchlaut realisiert werden, am Wortende und in den Verbindungen lh, rh, hs, ht ist es ein Reibelaut (ch). – ph wird pf gesprochen, c am Wortende k, v gewöhnlich als f.

Auf Anmerkungen wurde verzichtet; die (verkürzten) Quellenangaben und/oder Verweise zur weiteren Vertiefung stehen in Klammern; sind die Angaben mit «s.» versehen (z. B.: s. WUNDERLICH, S. […]), so findet man dort nähere Quellennachweise. – Die Verweise «s. S. […]» beziehen sich auf den vorliegenden Band, einfache Zahlen in Klammern auf Strophen oder Verse des NIBELUNGENLIEDES.

Die Überlieferung des Nibelungenepos

Grundlage der Handschriftenbezeichnungen ist die Sigelvergabe durch KARL LACHMANN (seit 1826), die durch spätere Neufunde erweitert wurde. – Großbuchstaben bezeichnen die Kodizes bis ins 14. Jahrhundert, Kleinbuchstaben die späteren, meist aus Papier. – Derzeit stehen 37 verschiedene Textzeugen zur Verfügung, darunter zehn verhältnismäßig vollständige, drei, die nur DIU KLAGE enthalten, und ein Aventürenverzeichnis; beste Übersicht in KLEIN 2003. – Auffallend viele Handschriften stammen (in bairischem Dialekt) aus dem alpenländischen Raum, nur vier aus dem rheinfränkischen. – Der Grundtext des NIBELUNGENLIEDES ist über die kritisch-philologische Rekonstruktion der drei Haupthandschriften A, B und C nur noch annähernd erreichbar; B und C sind um die Mitte des 13. Jahrhunderts, A ist etwas später aufgezeichnet worden. – Die rekonstruierten, auf die sprachliche Gestaltung der Entstehungszeit zurückgeführten und optisch für heutige Benutzer(innen) aufbereiteten Texte werden mit Asterisk gekennzeichnet (*A, *B, *C); grundlegend zur Überlieferungsgeschichte ist BUMKE 1996. – Da die Überlieferungen von *A und *B recht gut zusammenstimmen, ist das NIBELUNGENLIED durch die zum Teil divergierenden Bearbeitungen *AB und *C repräsentiert. – Überlieferungsgeschichtlich war die *C-Repräsentation die erfolgreichste, im Übrigen sind auch Mischformen angefertigt worden; grundlegend ist HEINZLE 2003. – NIBELUNGENLIED-*C erzählt kirchlicher engagiert und – nach heutigen Begriffen – «korrekter» als *AB, das der kreativen Rezeption größeren Freiraum lässt und offenbar auch die Erzähltraditionen stärker respektiert. – *C verwendet Aventüre-Überschriften.

In Text und Strophenzahlen folgen wir, wenn nicht anders angegeben, *B. – Handschrift B ist auf CD-ROM digitalisiert: Sankt Galler Nibelungenhandschrift (Cod. Sang. 857). Parzival, Nibelungenlied, Klage, Karl der Große, Willehalm (Codices Electronici Sangallenses 1. Digitalfaksimile. CD-ROM für Windows und Macintosh). – Die drei Haupthandschriften hat HERMANN REICHERT transkribiert und unter «www.univie.ac./Germanistik/texte/germ.text.htm» ins Internet gestellt.

Zur Datierung

Die sicherste Datierung des NIBELUNGENLIEDES erfolgt über die Erwähnung Rumolds, der in Strophe 10 als Inhaber des Küchenmeisteramtes eingeführt wird und später davon abrät, der Einladung Kriemhilds nachzukommen (*Rûmoldes rât*, 1469,4); 1517 ff. setzt ihn Gunther als Statthalter ein. – Auf *Rûmoldes rât* nimmt WOLFRAMS VON ESCHENBACH PARZIVAL (420,26–421,10) Bezug. – Der früheste Beleg für das *Reichsministerialenamt* des Küchenmeisters datiert vom Juli 1205 (SCHWARZMEIER 2003, S. 66 f.), das Amt des *magister coquine* selbst ist allerdings älter. – Anhaltspunkte für eine Arbeit am PARZIVAL bieten sich bis in die Mitte der zehner Jahre des 13. Jahrhunderts an (HUCKER 2003, S. 499 ff.). – NIBELUNGENLIED und PARZIVAL haben auch die Namen der Seidenproduktionsstätten *Zazamanc* (Salamanca) und *Azagouc*, das wir nicht lokalisieren können, gemeinsam, die wir nur hier finden. – Die NIBELUNGENLIED- und KLAGE-Texte dürften danach im ersten Jahrzehnt des 13. Jahrhunderts entstanden sein.

Die Produktion der Texte, namentlich die des NIBELUNGENLIED- Grundtextes, dürfte in engem räumlichen und persön-

lichen Kontakt der Schreiber/Autoren miteinander erfolgt sein,
und zwar wegen der auffälligen Hervorhebung des Bischofs Pilgrim (s. S. 18, 20, 34.) am ehesten in einem Passauer Scripto-
rium. – Für NIBELUNGENLIED-*C wird – vor allem wegen der
Einführung der Reichsabtei Lorsch (s. S. 72) und der Verlage-
rung der Jagd aus den Vogesen (*AB) in den Odenwald (s. S. 66)
– auch gerne eine Entstehung im mittelrheinischen Raum ange-
nommen.

Struktur und Vortrag

Das NIBELUNGENLIED ist in 39 Vortragseinheiten (*Aventiuren*,
Aventüren) unterschiedlicher Größe gegliedert; sie lassen sich in
zwei Teile trennen, die unterschiedlichen Stoff- und Sagenkrei-
sen entstammen: 1.–19. Aventüre (Kriemhild und Siegfried) und
20.–39. Aventüre (Kriemhilds Rache). – Die Aventüren bestehen
aus Strophen zu je vier, in der Mitte durch Zäsur getrennten
Langversen (Anvers und Abvers). – Die Verse sind in der Regel
paarisch endgereimt, Binnenreime sind seltener. – Die Nibelun-
genstrophe ist eng mit der Strophe eines donauländischen Dichters aus der Mitte des 12. Jahrhunderts verwandt, dessen Lied-
corpus unter dem Namen DER VON KÜRENBERG gesammelt ist.
– Der letzte Strophenvers beinhaltet häufig eine Vorausdeutung,
wie denn auch zahlreiche andere Vorausdeutungen, Rückver-
weise und Wiederholungen sowie stehende Epitheta zur Kenn-
zeichnung der Charaktere und sprachliche Formeln eine nachhaltig formbildende Kraft besitzen und eher auf Zuhörende als
auf Lesende zielen.

   Für die *performance* werden im Allgemeinen das relativ komplexe Takt- oder das einfachere Rezitationsprinzip, an dem sich
die mittelalterliche Musik orientierte, diskutiert. – Nach dem
Taktprinzip (ANDREAS HEUSLER, s. D. BREUER [4]1999) enthalten
die Langverse je zweimal vier Hebungen beziehungsweise Tak-
te. – Der aus Hebung und Senkung(en) realisierte Takt mit
einem Zeitwert von $1/2$ beginnt mit der Hebung und ist gewöhnlich zweisilbig ($= 1/4 + 1/4$); er kann zu einer metrisch langen
Silbe ($= 1/2$) verkürzt oder durch metrisch kurze Silben nach

dem Grundwert von $^1/_2$ entsprechend erweitert werden; die Zeitwerte sind relative Werte. – Metrische und sprachliche Länge sind nicht zwingend identisch; eine metrische Länge *kann* auch dann gebildet werden, wenn auf einen kurzen Vokal zwei Konsonanten folgen. – Die vier Anverse schließen im Allgemeinen mit klingender Kadenz (= der Hauptton liegt auf der metrisch langen Silbe, der Nebenton auf der unmittelbar folgenden kurzen Silbe: *máe-rèn*); von den Abversen enden die ersten drei gewöhnlich mit stumpfer Kadenz (= die letzte Silbe ist «pausiert», d. h. sprachlich nicht realisiert), der letzte mit voller (= alle Hebungen sind sprachlich realisiert). – Nach dem Rezitationsprinzip (D. BREUER ⁴1999, S. 101 ff.) werden männliche (á; a á) und weibliche (á a; a á a; á a a) Versschlüsse unterschieden; männlicher Schluss gilt auch für kurze zweisilbige Wörter vom Typ *ságen*, für die bei der Rezitation nur das Tonmaterial eines Tones verwendet wird. – Danach sind die Halbverse des NIBELUNGENLIEDES mit Ausnahme des letzten dreihebig, die Anverse enden weiblich, die Abverse männlich.

Gleichgültig welchem Prinzip der Vortrag folgt, er erlaubt eigene Fokussierungen und Emphasen. Jedoch wirkt ein Vortrag nach dem Taktprinzip schwerer und pathetischer, einer nach dem Rezitationsprinzip leichter und eleganter.

XI. Anhang

Abkürzungen

HA	Handwörterbuch des deutschen Aberglaubens
HRG	Handwörterbuch zur Rechtsgeschichte
Hs.	Handschrift
LM	Lexikon des Mittelalters
mhd.	mittelhochdeutsch
Sp.	Spalte

Ein kleines Wörterbuch

admiratio (rhetorische Figur der) Bewunderung

ar(e)beit Not, die man erleidet oder freiwillig übernimmt; Kampfesnot, Mühsal, Arbeit (EHRISMANN 1995, S. 17 ff.)

burc Burg, Stadt; als ‹Stadt› konkurrierend mit dem neueren *stat*

carmen Dichtung (jeder Art), Lied

colloquium familiare Rat der Freunde und Verwandten (ALTHOFF 1997, S. 157 ff.)

consilium familiare s. colloquium familiare

consuetudines Gewohnheiten

eleos Mitleid, Erbarmen, Jammer (ARISTOTELES 2003, S. 161 f.)

empatheia Leidenschaft; Empathie ist die Fähigkeit und Bereitschaft, sich in die Einstellungen anderer Menschen einzufühlen

êre Ehre, Ansehen, Reputation; s. S. 7 f. (ZUNKEL 1975, EHRISMANN 2003)

gâbe Gabe, s. S. 39 f., 63 (GRÖNBECH ¹¹1991, Bd. 2, S. 8 und 55 ff.; EHRISMANN 1995, S. 91 ff.)

gruoz Gruß, Begrüßung (EHRISMANN 1995, S. 83 ff.)

holde Freund, Dienstmann, Holde

honor Ehre

hybris Übermut, Hochmut, Zügellosigkeit

hyperbole (rhetorische Figur der) Übertreibung, Überbietung, des Übermaßes

katharsis Reinigung (i. S. d. aristotelischen Poetik)

libertas Freiheit

lîp Leib, Körper, Persönlichkeit (EHRISMANN 1995, S. 126 ff.)

mâc (Pl. mâge) Verwandte(r)

mære Erzählung, Geschichte

memoria Gedächtnis, Erinnerung, Andenken

metabolē Wechsel, Umsturz, Umschlag
metron Maß, Versmaß
milte Freigebigkeit
mnēmē Erinnerung, Gedenken, Andenken, Gedächtnis (= *memoria*)
munt Vormundschaft
muot Denk- und Willenskraft, Mut, Gemüt, Entschlossenheit, Eigenwille, Hoffnung (EHRISMANN 1995, S. 148 ff.)
mythos Rede, Erzählung, Geschichte, Fabel; Mythos, Sage
nôt Not, Kampf
ordo Ordnung, besonders die göttliche Weltordnung
pathos, pathēma Erlebnis, Schicksal, Unglück, Leid(en), Schauder (ARISTOTELES 2003, S. 162 f.)
phobos Furcht, Schauder(n)
rîch reich und mächtig (EHRISMANN 1995, S. 165 ff.)
superbia Übermut, Hochmut, Stolz
triuwe Treue, Lehnstreue, Verlässlichkeit in Bezug auf die Eide (EHRISMANN 1995, S. 211 ff.)
übermuot, übermüete Hybris (s. S. 42)
variatio Verschiedenheit, Abwechslung
vriunt Freund, Verwandter, Freund und Verwandter; s. S. 40 (ALTHOFF 1999/1)
zuht Hofzucht, Anstand, Bildung (EHRISMANN 1995, S. 248 ff.)

Quellen und Forschungsliteratur

Quellen

Annolied: Eberhard Nellmann (Hrsg.): Das Annolied. Mittelhochdeutsch und neuhochdeutsch. Hrsg., übersetzt und kommentiert. Stuttgart 1979 (= Reclam, 1416)

Aristoteles: Poetik. Griechisch/Deutsch. Übersetzt und hrsg. v. Manfred Fuhrmann. Stuttgart 2003 (= Reclam, 7828)

Dietrichssage: Fine Erichson: Die Geschichte Diedrichs von Bern. Übertragen. München 1966 (= Heyne Allgemeine Reihe, 01/10159)

Johann Gottlieb Fichte, [1808]: Reden an die deutsche Nation. Hamburg 1978 (= Philosophische Bibliothek, 204)

Friedrich Heinrich von der Hagen, 1807: Der Nibelungen Lied. Berlin

Friedrich Hebbel: Die Nibelungen. Ein deutsches Trauerspiel in drei Abteilungen. Berlin o. J. (Nachdruck 1970; = Historisch-kritische Ausgabe. Hrsg. v. Richard Maria Werner. Abteilung 1, Bd. 4)

Johann Gottfried Herder, [1777]: Von Ähnlichkeit der mittleren englischen und deutschen Dichtkunst. In: Sämtliche Werke. Hrsg. v. Bernhard Suphan. Bd. 9. Berlin 1893 [Nachdruck Hildesheim 1994], S. 522–535

Historie: Peter Suchsland, Erika Weber (Hrsg.): Eine wunderschöne Historie Von dem gehörnten Siegfried. In: Deutsche Volksbücher in drei Bänden. Bd. 1. Berlin, Weimar 1979, S.241–303 (= Bibliothek deutscher Klassiker)

Wolfgang Hohlbein/Torsten Dewi, 2004: Der Ring der Nibelungen. München (= Heyne, 53026)

Hürnen Seyfrid: Siegfried Holzbauer (Hrsg.): Das Lied vom Hürnen Seyfrid. Klagenfurt, Wien 2001

Klage: Joachim Bumke (Hrsg.): Die ‹Nibelungenklage›. Synoptische Ausgabe aller vier Fassungen. Berlin, New York 1999

Lied vom Hürnen Seyfrid s. Hürnen Seyfrid

Jürgen Lodemann, 2002: Siegfried und Kriemhild. Stuttgart

Hans Naumann, 1942: Das Nibelungenlied, eine staufische Elegie oder ein deutsches Nationalepos? In: Euphorion 42, S. 41–59

Nibelungenlied, 1971: Michael S. Batts (Hrsg.): Das Nibelungenlied. Paralleldruck der Handschriften A, B und C nebst Lesarten der übrigen Handschriften. Tübingen

Nibelungenlied, 1977: Ursula Hennig (Hrsg.): Das Nibelungenlied nach der Handschrift C. Tübingen (= Altdeutsche Textbibliothek, 83)

Nibelungenlied, 1988: Karl Bartsch, Helmut de Boor (Hrsg.): Das Nibelungenlied. 22. Auflage v. Roswitha Wisniewski. Wiesbaden (= Deutsche Klassiker des Mittelalters)

Nibelungenlied, ²2004: Das Nibelungenlied. Mittelhochdeutsch/Neuhochdeutsch. Nach dem Text von Karl Bartsch und Helmut de Boor ins Neuhochdeutsche übersetzt und kommentiert von Siegfried Grosse. Stuttgart (= Reclam, 644)

Otto von Freising: Adolf Hofmeister, 1912: Ottonis episcopi Frisingensis. Chronica sive Historia de duabus Civitatibus. Hannover, Leipzig (= Monumenta Germaniae Historica. Scriptores rerum Germanicarum in usum scholarum, 45)

Moritz Rinke, 2002: Die Nibelungen. Reinbek bei Hamburg

Saxo Grammaticus: Gesta Danorum. Mythen und Legenden des berühmten mittelalterlichen Geschichtsschreibers. Übersetzt, nacherzählt und kommentiert von Hans-Jürgen Hube. Wiesbaden 2004

August Wilhelm Schlegel, [1803]: Das Lied der Nibelungen. In: ders., Geschichte der romantischen Literatur. Hrsg. v. Edgar Lohner. Stuttgart 1965, S. 102–114 (= Kritische Schriften und Briefe, 3)

August Wilhelm Schlegel, 1812: Aus einer noch ungedruckten historischen Untersuchung über das Lied der Nibelungen. In: Deutsches Museum. Hrsg. v. Friedrich Schlegel. 1, S. 9–36, 505–536

Snorri Sturluson: Die jüngere Edda mit dem sogenannten ersten grammatischen Traktat. Übertragen von Gustav Neckel und Felix Niedner. Jena 1925 (= Sammlung Thule, 20)

ÞiÐreks Saga s. Dietrichssage

Völsunga Saga: Guðni Jónsson (Hrsg.): Völsunga Saga. In: ders., Fornaldar Sögur Norðurlanda. Bd. 1. o. O. 1959, S. 107–218

Völsunga Saga: Paul Herrmann: Nordische Nibelungen. Die Sagas von den

Völsungen, von Ragnar Lodbrok und Hrolf Kraki. Aus dem Altnordischen übertragen. Köln 1985 (= Diederichs Gelbe Reihe, 54)

Richard Wagner: Der Ring des Nibelungen. Ein Bühnenfestspiel. Aufzuführen in drei Tagen und einem Vorabend. In: Richard Wagner. Die Musikdramen. Hrsg. v. Joachim Kaiser. München 1978, S. 505–820

Waltharius: Gregor Vogt-Spira (Hrsg.): Waltharius. Lateinisch/Deutsch. Übersetzt und hrsg., mit einem Anhang Waldere. Englisch/Deutsch, übersetzt von Ursula Schaefer. Stuttgart 1994 (= Reclam, 4174)

Werner Wunderlich, 1977: Der Schatz des Drachentödters. Materialien zur Wirkungsgeschichte des Nibelungenliedes. Stuttgart (= Literaturwissenschaft – Gesellschaftswissenschaft, 30)

Friedrich Zorn, [1570]: Wormser Chronik. Mit den Zusätzen Franz Bertholds von Flersheim. Hrsg. v. Wilhelm Arnold. Stuttgart 1857 (= Bibliothek des Literarischen Vereins in Stuttgart, 43)

Forschungsliteratur

Gerd Althoff, 1988: Gloria et nomen perpetuum. Wodurch wurde man im Mittelalter berühmt? In: ders., Inszenierte Herrschaft. Geschichtsschreibung und politisches Handeln im Mittelalter. Darmstadt 2003, S. 1–24

Gerd Althoff, 1990: Verwandte, Freunde und Getreue. Zum politischen Stellenwert der Gruppenbindungen im früheren Mittelalter. Darmstadt

Gerd Althoff, 1997: Spielregeln der Politik im Mittelalter. Kommunikation in Frieden und Fehde. Darmstadt

Gerd Althoff, 1999/1: Friendship and Political Order. In: Friendship in Medieval Europe. Hrsg. v. Julian Haseldine. Stroud, S. 91–105

Gerd Althoff, [1999/2]: Spielen die Dichter mit den Spielregeln der Gesellschaft? In: ders., Inszenierte Herrschaft. Geschichtsschreibung und politisches Handeln im Mittelalter. Darmstadt 2003, S. 251–273

Jan Assmann, 42002: Das kulturelle Gedächtnis. Schrift, Erinnerung und politische Identität in frühen Hochkulturen. München

Marc Bloch, 1982: Die Feudalgesellschaft. Frankfurt a. M., Berlin, Wien

Hans Blumenberg, 1979: Arbeit am Mythos. Frankfurt a. M.

Gerold Bönnen, 2002: Der Ort der Nibelungen in der Wormser Stadtgeschichte. In: Nibelungen-Festspiele Worms 2002. Worms, S. 144–151

Gerold Bönnen, 2003: Wormser Stadtmythen im Spiegel spätmittelalterlicher Überlieferung. In: Städtische Mythen. Hrsg. v. Bernhard Kirchgässer und Hans-Peter Becht. Ostfildern 2003, S. 9–28 (= Stadt in der Geschichte, 28)

Helmut Brackert, 1971: Nibelungenlied und Nationalgedanke. Zur Geschichte einer deutschen Ideologie. In: Mediævalia litteraria. Festschrift für Helmut de Boor zum 80. Geburtstag. München, S. 343–364

Dieter Breuer, 41999: Deutsche Metrik und Versgeschichte. München

Joachim Bumke, 1996: Die vier Fassungen der ‹Nibelungenklage›. Untersuchungen zur Überlieferungsgeschichte und Textkritik der höfischen Epik im 13. Jahrhundert. Berlin, New York (= Quellen und Forschungen zur Literatur- und Kulturgeschichte, 8)

Joachim Bumke, [8]1997: Höfische Kultur. Literatur und Gesellschaft im hohen Mittelalter. München

Carl Dahlhaus, 1971: Richard Wagners Musikdramen. Velber

Georges Duby, 1985: Ritter, Frau und Priester. Die Ehe im feudalen Frankreich. Frankfurt a. M.

Otfrid Ehrismann, 1975/1: Das Nibelungenlied in Deutschland. Studien zur Rezeption des Nibelungenlieds von der Mitte des 18. Jahrhunderts bis zum Ersten Weltkrieg. München

Otfrid Ehrismann, 1975/2: Siefrids Ankunft in Worms. Zur Bedeutung der 3. Aventiure des Nibelungenlieds. In: Festschrift für Karl Bischoff zum 70. Geburtstag. Köln, Wien, S. 328–356

Otfrid Ehrismann, 1995: Ehre und Mut, Aventiure und Minne. Höfische Wortgeschichten aus dem Mittelalter. München

Otfrid Ehrismann, 1997: Das Mittelalter und die Philosophie der Geschichte. Zur Funktion der Mediävalismen bei Hebbel. In: Hebbel-Jahrbuch 52, S. 7–26

Otfrid Ehrismann, 1999/1: Mittelalterrezeption. In: Enzyklopädie des Märchens. Bd. 9. Berlin, New York 1999, Sp. 725–737

Otfrid Ehrismann, 1999/2: «Ein schäbiger Konjunkturismus des damals Üblichen war ihm fern». Hans Naumann und seine bundesrepublikanische Rezeption. In: Zur Geschichte und Problematik der Nationalphilologien in Europa. 150 Jahre Erste Germanistenversammlung in Frankfurt am Main (1846–1996). Hrsg. v. Frank Fürbeth, Pierre Krügel, Ernst E. Metzner, Olaf Müller. Tübingen, S. 603–618

Otfrid Ehrismann, [2]2002: Nibelungenlied. Epoche – Werk – Wirkung. München (= Arbeitsbücher zur Literaturgeschichte)

Otfrid Ehrismann, 2003: Wieviel Ehre braucht der Mensch? Zwei Antworten aus dem Mittelalter. In: Loccumer Protokolle 17/02. Rehberg-Loccum, S. 43–65

Otfrid Ehrismann, 2005/1: Worms und das «Nibelungenlied». In: Geschichte der Stadt Worms. Hrsg.v. Gerold Bönnen. Stuttgart

Otfrid Ehrismann, 2005/2: Worms und Xanten – Nibelungenliedorte. In: Burgen, Landschaften und Orte. St.Gallen (= Mittelalter-Mythen, 5)

Otfrid Ehrismann/Isabelle Hardt, 2003: Vom Hildebrandslied zum Eulenspiegel: Der Mittelalter-Kanon im Lesebuch. In: Das Lesebuch. Zur Theorie und Praxis des Lesebuchs im Deutschunterricht. Hrsg.v. Swantje Ehlers. Baltmannsweiler, S. 22–53

Knut Görich, 2001: Die Ehre Friedrich Barbarossas. Kommunikation, Konflikt und politisches Handeln im 12. Jahrhundert. Darmstadt 2001 (= Symbolische Kommunikation in der Vormoderne)

Franz Gress, 1971: Germanistik und Politik. Kritische Beiträge zur Geschichte einer nationalen Wissenschaft. Stuttgart-Bad Cannstatt

Wilhelm Grimm, [1829]: Die Deutsche Heldensage. Nach der Ausgabe von

Reinhold Steig, Karl Müllenhoff und Oskar Jänicke neu hrsg. v. Otfrid
Ehrismann. Hildesheim, Zürich, New York 1999 (= Jacob Grimm und
Wilhelm Grimm: Werke. Forschungsausgabe. Hrsg.v. Ludwig Erich
Schmidt. Bd. 36)

Wilhelm Grönbech, [11]1991: Kultur und Religion der Germanen. 2 Bde.
Darmstadt

Mathilde Grünewald, 2004: Burgunden: Ein unsichtbares Volk? In: Nibelungen Schnipsel. Neues vom alten Epos zwischen Mainz und Worms.
Hrsg. v. Helmut Hinkel. Mainz 2004, S. 119–143 (= Neues Jahrbuch für
das Bistum Mainz)

John Evert Härd, 1996: Das Nibelungenepos. Wertung und Wirkung von
der Romantik bis zur Gegenwart. Tübingen, Basel

Martina Hartmann, 2003: Aufbruch ins Mittelalter. Die Zeit der Merowin-
ger. Darmstadt

Wolfgang Haubrichs, 2000: Sigi-Namen und Nibelungensage. In: Blütezeit.
Festschrift für L. Peter Johnson zum 70. Geburtstag. Tübingen, S. 175–206

Walter Haug, [1994]: Die Grausamkeit der Heldensage. Neue gattungs-
theoretische Überlegungen zur heroischen Dichtung. In: ders., Brechun-
gen auf dem Weg zur Individualität. Tübingen 1997, S. 72–90

Joachim Heinzle, 1987: Das Nibelungenlied. Eine Einführung. München,
Zürich (seit 1994 Frankfurt a. M.; = Fischer Taschenbuch, 11843)

Joachim Heinzle, 2003: Die Handschriften des Nibelungenliedes und die Ent-
wicklung des Textes. In: Die Nibelungen. Sage – Epos – Mythos. Hrsg. v.
Joachim Heinzle, Klaus Klein und Ute Obhof. Wiesbaden, S. 191–212

Bernd Ulrich Hucker, 2003: Otto IV. Der wiederentdeckte Kaiser. Eine Bio-
graphie. Frankfurt a. M., Leipzig (= insel taschenbuch, 2557)

Hans Robert Jauss, 1984: Ästhetische Erfahrung und literarische Herme-
neutik. Frankfurt a. M.

Peter Johanek, 2003: Nibelungenstädte – mythische und historische Tradition in Worms und Soest. In: Städtische Mythen. Hrsg.v. Bernhard Kirchgässer und Hans-Peter Becht. Ostfildern 2003, S. 29–54 (= Stadt in der
Geschichte, 28)

Harald Kimpel/Johanna Werckmeister, 1991: Leidmotive. Möglichkeiten
der künstlerischen Nibelungen-Rezeption seit 1945. In: Die Nibelungen.
Ein deutscher Wahn, ein deutscher Alptraum. Studien und Dokumente zur
Rezeption des Nibelungenstoffs im 19. und 20.Jahrhundert. Hrsg.v. Joachim Heinzle und Anneliese Waldschmidt. Frankfurt a. M., S. 284–306

Arndt Kleesiek, 1998: ‹Siegfrieds Edelsitz› – Der Nibelungen-Mythos und
die ‹Siegfriedstadt› Xanten im Nationalsozialismus. Münster 1998
(= Zeitgeschichte – Zeitverständnis, 5)

Klaus Klein, 2003: Beschreibendes Verzeichnis der Handschriften des Nibelungenliedes. In: Die Nibelungen. Sage – Epos – Mythos. Hrsg. v. Joachim
Heinzle, Klaus Klein und Ute Obhof. Wiesbaden, S. 213–235

Peter Krüger, 1991: Etzels Halle und Stalingrad: Die Rede Görings vom
30.1.1943. In: Die Nibelungen. Ein deutscher Wahn, ein deutscher Alp-

traum. Studien und Dokumente zur Rezeption des Nibelungenstoffs im 19. und 20. Jahrhundert. Hrsg. v. Joachim Heinzle und Anneliese Waldschmidt. Frankfurt a. M., S. 151–190

Matthias Lexer, ³⁸1992: Mittelhochdeutsches Taschenwörterbuch. Mit den Nachträgen von Ulrich Pretzel. Stuttgart

Thomas Mann, [1937]: Richard Wagner und ‹Der Ring des Nibelungen›. In: Thomas Mann: Wagner und unsere Zeit. Aufsätze, Betrachtungen, Briefe. Hrsg. v. Erika Mann. Mit einem Geleitwort v. Willi Schuh. Frankfurt a. M. 1983, S. 127–150

Volker Mertens, 1986: Richard Wagner und das Mittelalter. In: Ulrich Müller/Peter Wapnewski (Hrsg.): Richard-Wagner-Handbuch. Stuttgart, S. 19–59

Alexander und Margarete Mitscherlich, 1977: Die Unfähigkeit zu trauern. Grundlagen kollektiven Verhaltens. München

Dietz-Rüdiger Moser, 2002: «Ninive» als Zeichen in literarischen Texten des Mittelalters und des Barocks. In: Literatur in Bayern 68, 2002, S. 2–6, 51 f.

Jan-Dirk Müller, 1998: Spielregeln für den Untergang. Die Welt des Nibelungenliedes. Tübingen

Ulrich Müller/Oswald Panagl, 2002: Ring und Gral. Texte, Kommentare und Interpretationen zu Richard Wagners ‹Der Ring des Nibelungen›, ‹Tristan und Isolde›, ‹Die Meistersinger von Nürnberg› und ‹Parsifal›. Würzburg

Friedrich Panzer, 1955: Das Nibelungenlied. Entstehung und Gestalt. Stuttgart, Köln

Werner Paravicini, 1994: Die ritterlich-höfische Kultur des Mittelalters. München (= Enzyklopädie deutscher Geschichte, 32)

Reader 2003: Reader zum Expertengespräch zur Vorbereitung eines «Nibelungen-Museums» in Xanten 6. bis 7. November 2003 im Regionalmuseum Xanten. Universität Duisburg-Essen

Hermann Reichert, 2003: Die Nibelungensage im mittelalterlichen Skandinavien. In: Die Nibelungen. Sage – Epos – Mythos. Hrsg.v. Joachim Heinzle, Klaus Klein und Ute Obhof. Wiesbaden, S. 29–88

Karin Rinn, 1996: Liebhaberin, Königin, Zauberfrau. Studien zur Subjektstellung der Frau in der deutschen Literatur um 1200. Göppingen (= Göppinger Arbeiten zur Germanistik, 628)

Ingo Runde, 2003: Xanten im frühen und hohen Mittelalter. Sagentradition, Stiftsgeschichte, Stadtwerdung. Köln, Weimar, Wien (= Geschichte der Stadt Xanten, 2)

Georg Scheibelreiter, 1999: Die barbarische Gesellschaft. Mentalitätsgeschichte der europäischen Achsenzeit, 5.–8. Jahrhundert. Darmstadt

Bernd Schirok: Der Untergang der Burgunden und seine christliche Deutung. «Nibelungenlied» und «Nibelungenklage». In: Nibelungen Schnipsel. Hrsg. v. Helmut Hinkel. Mainz 2004, S. 237–296 (= Neues Jahrbuch für das Bistum Mainz)

Thomas Schirrmacher, 1992: «Der göttliche Volkstumsbegriff» und der «Glaube an Deutschlands Größe und heilige Sendung». Hans Naumann als Volkskundler und Germanist im Nationalsozialismus. Bonn (= Disputationes linguarum et cultuum orbis, V/2)

Ernst Schubert, 2002: Alltag im Mittelalter. Natürliches Lebensumfeld und menschliches Miteinander. Darmstadt

Ulrich Schulte-Wülwer, 1980: Das Nibelungenlied in der deutschen Kunst des 19. und 20. Jahrhunderts. Gießen

Ursula Schulze, 1997: Das Nibelungenlied. Stuttgart (= Reclam, 17604)

Hansmartin Schwarzmeier, 2003: Königtum und Herrschaft. In: «Uns ist in alten Mären …» Das Nibelungenlied und seine Welt. Hrsg. v. der Badischen Landesbibliothek Karlsruhe und dem Badischen Landesmuseum Karlsruhe. Darmstadt, S. 62–69

Klaus von See, 1994: Das Nibelungenlied – ein Nationalepos? In: ders., Barbar, Germane, Arier. Die Suche nach der Identität der Deutschen. Heidelberg, S. 83–134

Jochen Splett, 1968: Rüdiger von Bechelaren. Studien zum zweiten Teil des Nibelungenliedes. Heidelberg

Wolfgang Storch (Hrsg.), 1987: Die Nibelungen. Bilder von Liebe, Verrat und Untergang. München

Heinz Thomas, 1995: Literatur und Zeitgeschichte im deutschen Mittelalter. In: Geschehenes erzählen – Geschichte schreiben. Literatur und Historiographie in Vergangenheit und Gegenwart. Acta Ising 1994. Hrsg. v. Stefan Krimm, Dieter Zerlin u. Wieland Zirbs. München, S. 54–71

Heinz Thomas, 2005: Li conte de Bourgogne – li conte de Rome – Die Staufer im Nibelungenlied. In: Lorsch und das Nibelungenlied. Hrsg. v. Jürgen Breuer (noch nicht erschienen)

Malcolm Todd, 2000: Die Germanen. Von den frühen Stammesverbänden zu den Erben des Weströmischen Reiches. Aus dem Englischen von Nicole Strobel. Darmstadt

Peter Wapnewski, 1986: Der Ring des Nibelungen. Ein Bühnenfestspiel für drei Tage und einen Vorabend. In: Ulrich Müller/Peter Wapnewski (Hrsg.): Richard-Wagner-Handbuch. Stuttgart, S. 269–307

Leo Weber, 1926: Der schöne Brunnen. Ein topographischer Beitrag zur alten Nibelungennot. In: Zeitschrift für deutsches Altertum 63, 1926, S. 129–164

Hans-Ulrich Wehler, ²1989: Deutsche Gesellschaftsgeschichte. Bd. 1: Vom Feudalismus des Alten Reiches bis zur Defensiven Modernisierung der Reformära 1700–1815. München

Herwig Wolfram, 1995: Die Germanen. München (= Beck'sche Reihe, 2004)

Friedrich Zunkel, 1975: Ehre, Reputation. In: Geschichtliche Grundbegriffe. Hrsg. v. Otto Brunner, Werner Conze, Reinhart Koselleck. Bd. 2. Stuttgart, S. 1–63

Register